El beso de Andrómaca

COLECCIÓN DE ENSAYO

La Huerta Grande

Hernán Rodríguez Vargas

El beso de Andrómaca

Ocho relatos de amores y de pasiones políticas

La
Huerta
Grande

2024

© De los textos: Hernán Rodríguez Vargas

Madrid, 1ª edición, marzo 2024

EDITA: La Huerta Grande Editorial

Serrano, 6. 28001 Madrid

www.lahuertagrande.com

Reservados todos los derechos de esta edición

ISBN: 978-84-18657-49-8

D. L.: M-7041-2024

Diseño cubierta: Editorial La Huerta Grande según idea original de Tresbien
Comunicación

Imprime: Gracel Asociados, C. Valgrande, 15. 28108 Alcobendas, Madrid

Impreso en España/*Printed in Spain*

Serán ceniza, mas tendrá sentido;
polvo serán, mas polvo enamorado.

«Amor constante más
allá de la muerte»,

FRANCISCO DE QUEVEDO

Béseme de besos de su boca;
porque buenos [son] tus amores,
más que el vino.

Cantar de los Cantares,

FRAY LUIS DE LEÓN

Se llama Andrómaca.
Se dice que Héctor la ama
por encima de todas las cosas.

La canción de Aquiles,

MADELINE MILLER

ÍNDICE

EL BESO DE ANDRÓMACA

Introducción

El primer beso político de la historia es el beso que
Héctor, domador de caballos, dio a su hijo Astianacte
en nombre de Ilio. El más potente ha sido el beso que
Homero no narra. Aquel que el héroe troyano diera
a Andrómaca, ese mismo beso que el lector imagina
entre lágrimas. Pero ese beso que no fue, o aquel que
fue y Homero no dijo —o no quiso decir, ya que Homero fue el primero a enseñarles a los poetas cuánto
de poético hay en lo no dicho—, ese beso, ese último
beso, hubiese sido también político. No solo por el
gesto en sí, antes de dar la vida por Troya, para conquistar la gloria o para recibirla de manos del coléri-
co Aquiles, sino por la capacidad de aquella dolorosa
escena de despertar pasiones a través del relato que
une a todos aquellos que participan de aquel instante
fatídico en el que épica y tragedia confluyen.

Vio el héroe al niño y sonrió silenciosamente. Andrómaca, llorosa, se detuvo a su lado, y asiéndole de la

11

mano le dijo: «¡Desgraciado! Tu valor te perderá. No te apiadas del tierno infante ni de mí, infortunada, que pronto seré tu viuda; pues los aqueos te acometerán todos a una y acabarán contigo. Preferible sería que, al perderte, la tierra me tragara, porque si mueres no habrá consuelo para mí, sino pesares, ya que no tengo ni padre ni madre […]. Héctor, tú eres ahora mi padre, mi venerable madre y mi hermano; tú, mi floreciente esposo […].

Contestole Héctor, el de tremolante casco: «Todo esto me da cuidado, mujer, pero mucho me sonrojaría ante los troyanos y las troyanas de rozagantes peplos si como cobarde huyera del combate; y tampoco mi corazón me incita a ello, que siempre supe ser valiente y pelear en primera fila entre los troyanos, manteniendo inmensa gloria de mi padre y de mí mismo. Bien lo conoce mi inteligencia y mi corazón: día vendrá en que perezcan la sagrada Ilio […]. Así dirán, y sentirás un nuevo pesar al verte sin el hombre que pudiera librarte de la esclavitud. Pero ojalá un montón de tierra cubra mi cadáver antes que oiga tus clamores o presencie tu rapto».

Así diciendo, el esclarecido Héctor tendió los brazos a su hijo, y este se recostó, gritando, en el seno de la nodriza de bella cintura, por el terror que el aspecto de su padre le causaba: dábanle miedo el bronce y el terrible penacho de crines de caballo, que veía ondear en lo alto del yelmo. Sonriéronse el padre amoroso y la veneranda madre. Héctor se apresuró a dejar el refulgente casco en el suelo, besó y meció en sus manos al hijo amado, y rogó así a Zeus y a los demás dioses.

La semántica de los gestos narrados por Homero plasma una cierta visión del mundo que, a lo largo del tiempo, mantendrá una línea de continuidad: aquella que va de lo privado a lo público, que se queda en lo más íntimo de cada uno de nosotros y establece un código estético y moral. Dicho código pasa por el cuerpo, y deja una huella sutil pero inquebrantable cuando los labios de los amantes salen al encuentro, circulan de padres a hijos, configuran lazos de amistad y establecen relaciones incondicionales e imperecederas.

Para expresar del mejor modo lo que significa esa íntima relación entre besos, historias de amor y pasiones políticas, es necesario establecer algunas premisas.

Todo beso es político porque pertenece a la polis. Las explicaciones biológicas acerca de la pregunta ¿por qué nos besamos? resultan, aunque ricas e interesantes, insuficientes, debido a que las diferentes formas de comunicar emociones a través de los besos cambian de cultura a cultura. Podría decirse, en consecuencia, que los besos que nos interesan son patrimonio de la cultura occidental, aquellos cuya difusión en el tiempo se ha comunicado a través del ejemplo, de la imitación, de la configuración de relatos y de la producción de imágenes.

En uno de los largometrajes más importantes del siglo XX, *Nuovo Cinema Paradiso* (*Cinema Paradiso,* 1988), Giuseppe Tornatore elige hacer un gran homenaje al cine que lo ha precedido y que, durante décadas, nos había enseñado a enamorarnos, a amar la vida y a depositar en los besos el símbolo entrañable de ambas cosas. Se trata de la compilación de esas escenas censuradas, que no son otra cosa que aquellos besos que el gran público de aquel pueblo siciliano del mundo de Tornatore había tenido que imaginar, pero que nosotros, junto con el protagonista, tenemos el privilegio de ver uno tras otro. Todos aquellos besos, conjeturados o vistos a través de la gran pantalla, nos hacen soñar por su significado y las esperanzas que proyectan, como, por ejemplo, aquellas que se depositan en la idea del amor romántico. Esa peligrosa invención, cuyo pilar descansa en la idea de la monogamia y cuyo contrario —refiriéndome siempre a la idea del amor— no es la ausencia del mismo, sino la muerte. No importa cuántos casos relativos al fracaso de esta forma de amor existan, nosotros insistimos en soñar con su perfecta realización, esperando que un *seguro azar,* como diría Pedro Salinas, nos haga realidad una de las expectativas más altas y más irrealizables de la historia. Dado que este texto no se ocupa del amor romántico —o no de manera directa—, sino de su uso para comunicar otro tipo de experiencias humanas, conviene pasar a la siguiente premisa.

Si todos los besos son políticos, hay unos más políticos que otros. El lector de la *Ilíada,* como aquel remoto público que ha escuchado los cantos homéricos, puede perfectamente suponer que en la vida cotidiana de Héctor y Andrómaca, como en aquella de Paris y Helena, de Ulises y Penélope, hubo innumerables besos. Desde el despuntar del alba hasta la hora en la que se apaga la última estrella de la noche. Sin embargo, es el carácter de ese beso, del último entre Héctor y Andrómaca, donde, a través de la autoconciencia de la tragedia de los actores, se encienden las emociones del público lector que participa de la escena. Así, quien asiste a ella se enfrenta a una gran contradicción: desear que ese beso no sea el último y desear, al mismo tiempo, que sea exactamente lo que es, porque es allí donde descansa su sentido. Imaginemos que ese beso no hubiese sido el último y que el héroe regresa a casa, ¿no sería entonces uno más de una infinita serie? Tal vez solo el beso de un eventual retorno y victoria nos haría soñar de forma similar. Pero no. Es el beso del adiós definitivo, el beso de la derrota, el beso que anuncia la caída de Troya, el que nos estremece. Imaginando una comparación entre las dos escenas, la más poderosa es la que señala la posibilidad de que el héroe no regrese y de que ese beso sea el último. Entonces, nuestro verdadero deseo como público lector es, más bien, el de participar de aquella forma de inmolación que se consuma en el mismo instante en que Héctor muere a manos de Aquiles. Siendo aquel beso el último, no tiene tiempo para caer en lo prosaico de la vida cotidiana; siendo el último, es profundamente auténtico. No envejece ni se marchita y, a la vez, apunta a una causa que va más allá de lo que significa el gesto amoroso en sí mismo. Este es exactamente el punto.

El beso del héroe homérico le pertenece a toda la comunidad. Se trata de un beso público en su totalidad. Sale de cualquier tipo de espacio privado y se convierte en la última acción que el héroe realiza por todos los suyos. Establece una política de la piedad y del sacrificio por un bien mayor. Nuestros besos de todos los días, aunque profundamente íntimos, son públicos porque reflejan prácticas comunes de ser y de hacer, hemos dicho: pertenecen a la polis. El beso Político (con «P» mayúscula para distinguirlo de otros espacios de la cotidianidad) es entonces un beso que comunica una serie de ideas e ideales que descansan en el gesto, pero que, a la vez, van más allá del mismo. Entonces:

Cuanto mayor es el impacto del beso sobre las formas de ser y de pensar de una comunidad, mayor será su poder político. En este sentido, cada uno de los besos que forman parte de esta serie, tienen dos características fundamentales: la primera es que pertenecen al mundo contemporáneo, es decir, al periodo comprendido entre las tres grandes revoluciones atlánticas (la americana, la haitiana y la francesa) y nuestro presente. La segunda es que, a diferencia del pretexto literario que da forma, sentido y título a este trabajo, todos son besos que se han manifestado a través de diferentes dispositivos de la cultura visual de este mismo periodo histórico, desde la pintura a la fotografía, desde el arte callejero al digital.

Las imágenes que son aquí objeto de estudio se presentan como una rica fuente histórica en la medida en que se tiene en cuenta su papel en la construcción de ciertos imaginarios que, a su vez, se consolidan en otros discursos y en otros espacios visuales. Esto quiere decir que uno de los modos privilegiados para considerar la imagen como fuente histórica consiste en tener en cuenta su *poder* y su *potencia* de transformarse en prácticas, en formas de identidad y de memoria, aunque muchas veces se den sencillamente por descontadas. A fin de cuentas, ¿no es para nosotros un beso una de las expresiones más naturales del mundo? La respuesta es que lo es y, a la vez no, porque un beso, tierno, apasionado, sereno, febril, impulsivo, melancólico, es y será siempre una manifestación de la cultura. A todo ese conjunto de formas de ser, de pensar y de sentir, que pasan través de la mediación de las imágenes, se le ha dado el nombre de «cultura visual», un estudio interdisciplinar que reflexiona sobre la historicidad de las prácticas visuales, de la experiencia política de la mirada y de los modos de ver y hacer ver *ciertas cosas* en *determinados* momentos históricos. En la versión sucinta de W. J. T. Mitchell, la cultura visual comprende el grupo interdisciplinar de «estudios sobre la experiencia y la expresión visual humana».

Por su parte, la cronología propuesta no corresponde tanto a la de un texto orgánico, o a una «historia de los besos políticos», como a una serie de puntos de referencia históricos que se comportan a la vez como símbolos y como objetos representativos de la cultura, incluso en normas que se asientan y que echan sus raíces en grandes y robustas ideas. Como en el caso de la idea de nación y de nacionalismo, de patria y de patriotismo, así como de la legitimación de unas formas de soberanía y de gobierno que se afirman por encima de otras. En este sentido es que el amor mismo es político y se puede politizar, como cualquier beso de amor, que del mundo de lo imaginado pasa al mundo de lo tangible, y del mundo de lo tangible deviene imaginario y símbolo de una determinada causa, color o bandera.

Con todo, en este libro el lector podrá encontrar además muchas historias íntimas e insondables dentro de la historia de cada beso. Se trata de las historias de las mujeres y de los hombres que a través del arte comunican experiencias a la vez particulares y universales. Aquel particular-universal del que habla Aristóteles en su *Poética,* reflexionando —para nada de manera casual— sobre Homero y los trágicos. En el fondo, este es el espíritu que ha guiado cada página. El beso que les ha dado forma está, en cambio, velado en medio de ellas.

I

La patria en peligro (1799)

El beso revolucionario o la otra historia del beso francés

Guillaume Guillon-Lethière, *L'enrôlement des volontaires ou La patrie en danger,* óleo sobre tela, 59 x 100 cm, *circa* 1799, Domaine de Vizille-Musée de la Revolution Française.

Citoyens, la patrie est en danger! Es el jueves 12 de julio de 1792. Sobre los muros de París se puede leer dentro de un manifiesto público esta frase, escrita en caracteres más grandes, dirigida a todos aquellos hombres en edad de empuñar un arma. Se trata de la declaración que la Asamblea Legislativa ha aprobado el día anterior, en donde pone delante de la opinión pública las siguientes ideas:

> Vuestra constitución se basa en los principios de la Justicia eterna; una liga de reyes se ha formado para

destruirla, sus batallones avanzan, son numerosos, sometidos a una disciplina rigurosa y desde hace mucho tiempo entrenados en el arte de la guerra. ¿No sienten un noble ardor que inflama su valentía? ¿Permitirán que hordas extranjeras se extiendan como un torrente destructor por sus campos, arrasando nuestras cosechas, desolando nuestra patria con incendios y asesinatos, en una palabra, que los abrumen con cadenas teñidas con la sangre de lo que más aman? Apresúrense, ciudadanos, ¡salven la libertad y venguen su gloria! La Asamblea Nacional declara que LA PATRIA ESTÁ EN PELIGRO [...]. Franceses que durante cuatro años han luchado contra el despotismo, les advertimos de sus peligros para invitarles a los esfuerzos necesarios para superarlos. Un lenguaje que no oculta la gravedad del momento y que honra tanto a quienes lo emplean como al pueblo al que se dirige.

Ha pasado poco más de un año desde la fuga de Varennes. Todavía está por definirse la suerte de Luis XVI. Ni la solución liberal, ni la moderada, ni la monarquía constitucional son, para entonces, una opción viable. Los efectos de la Revolución representan un verdadero dolor de cabeza para las potencias extranjeras. Austria y Prusia son las primeras en reaccionar con el fin de mantener el orden monárquico en Francia y de evitar más desastres en el resto de Europa. Dentro de poco se sumará también Gran Bretaña. La guerra es inevitable y el 20 de abril de 1792 la Asamblea Nacional declara la guerra, a pesar de ser plenamente consciente de su desventaja. En efecto, la Armada francesa no está lista para semejante campaña, posee solo 133 000 hombres, sin contar la artillería. En este nuevo Ejército coexisten la antigua Armada Real *(les culs blancs)* y la Guardia Nacional —la milicia burguesa—, que se había reforzado con la llegada de los *sans-culottes* voluntarios *(les bluets)*. Bajo tales condiciones, la disciplina y la cohesión son insostenibles, el mismo manifiesto ha reconocido que los ejércitos monárquicos de la Primera Coalición son numerosos, disciplinados y expertos en el arte de la guerra. Los efectivos francés se encuentran desorganizado a causa de la salida de muchos oficiales pertenecientes a la nobleza. Encontrar remplazo a los 3 864 oficiales que habían depuesto las armas es una tarea titánica.

La situación, en consecuencia, es dramática. A mediados del verano, ante las derrotas sufridas y las amenazas de una invasión prusiana, la Asamblea no tiene otra opción. Debe declarar que *la patria está en peligro* y llamar al entusiasmo patriótico, a través del cual pretender sumar al menos 50 000 voluntarios más entre las filas de la Guardia Nacional. La única esperanza descansa en ese «noble ardor que inflama su valentía». A pesar de ello, para finales del verano la situación empeora. Lonwgy capitula el 23 de agosto. De modo que el 26 la Asamblea aprueba nuevamente, tal y como había sugerido Danton, un llamamiento para reunir a otros 30 000 hombres. Puede que Verdún se haya rendido a los prusianos a los pocos días (el 29 de agosto), pero el fuego que enciende la llama de la patria no se apaga.

Casi todos los acontecimientos después de la primera reunión de los Estados Generales se viven como una novedad. Por ejemplo, poner la situación en manos de los voluntarios significaba concebir la guerra como nunca antes había sido concebida. La gran operación de promoción política definió el enfrentamiento contra el enemigo extranjero como una auténtica *guerre du peuple*. Ya no se movilizaban solamente los Ejércitos regulares, sino que eran los ciudadanos los llamados a tomar las armas para combatir por la patria común, en peligro. Así, contra todo pronóstico, las tropas de Dumouriez, que venían de Sedán, y las de Kellerman, que venían de Metz, logran reunirse en Sainte-Menehould y el 20 de septiembre detienen victoriosos la invasión extranjera en Valmy.

Un nuevo acontecimiento se transformará en mito con el nombre de Valmy. Por primera vez, un pueblo en armas derrota a una gran potencia y demuestra en el campo de batalla aquello que ya había demostrado en las calles de París desde la toma de la Bastilla, a saber, que la Revolución podía acabar de una vez y para siempre con *l'Ancien Régime*. La guerra civil y los años que siguieron a Waterloo iban a demostrar lo contrario.

El día después de la batalla de Valmy la Convención declara la abolición de la monarquía. El texto es implacable: «La Convención Nacional decreta por unanimidad la abolición de la monarquía en Francia». Se proclama la República y se da inicio al proceso que definirá la suerte de Luis XVI. En medio de la gestión, tanto del conflicto contra las potencias —a las cuales se sumaron Holanda, España y los estados italianos—como del interno entre revolucionarios y contrarrevolucionarios (compuestos por las regiones de realistas), se toma una de las decisiones más importantes, y quienes lo hacen son perfectamente consientes de las dimensiones —no de las consecuencias— históricas de la misma. Una mañana fría, la del 21 enero, el monarca absoluto, el mismo que gobernaba por derecho divino, pierde, como un hombre cualquiera, la cabeza bajo el filo desnudo de la guillotina.

La República ahora debe resistir más que nunca. La guillotina había manchado de sangre real el favor de las otras potencias. Por ello, el 2 de marzo de 1793 la Convención se ve obligada a aprobar el servicio militar obligatorio, poco antes de los días del Terror que ya se acercan. La guerra continúa, y no basta con sumar grandes cantidades de hombres a la batalla por voluntad o por constricción. Hay que convencerlos de las razones por las cuales deben combatir. La patria, todavía en peligro, requiere de todas las fuerzas que los mecanismos de promoción política puedan ofrecer para hacer que el ardor patriótico se inflame con más fuerza.

Si bien es cierto que la expansión revolucionaria en Europa resulta inimaginable sin las fuerzas militares que la llevaron adelante, también es cierto que, sin los dispositivos de fidelización y de adhesión a los principios revolucionarios, la ardua tarea habría sido imposible. Como en el mito de Valmy, se requería no solo la fuerza de las armas sino de la convicción del espíritu. De sujetos profundamente persuadidos por la causa revolucionaria. De aquí que, desde todos los ángulos, alimentando el ánimo de los combatientes y de quienes los esperan victoriosos, el papel de escritores y artistas resultara fundamental.

Ya desde los primeros días de las manifestaciones revolucionarias, la circulación del heterogéneo ideario político pasaba por textos de todo tipo: de los manifiestos al teatro, de los panfletos a los himnos, de los poemas a los libros de historia. El eco de la Revolución debía retumbar por todas partes. Pinturas, litografías, objetos ilustrados, caricaturas, todas las obras creativas que un artista como Jacques-Louis David cultivó formaron parte de ello. El manifiesto artístico que los revolucionarios adoptaron como propio fue una pintura que David había hecho para Luis XVI: *Le serment des Horaces* (*El juramento de los Horacios,* óleo sobre tela, 3,30 x 4,25 m, 1784, museo del Louvre), cuya carga patriótica de sacrificio, como aquella del héroe troyano, inspiraba el valor de los voluntarios franceses, dispuestos a dejar casa, familia, mujer e hijos en nombre de esa patria en peligro. David es uno de los más exaltados artistas de la Revolución y de la Primera República, y ahora, bajo Robespierre, lo han transformado todo en un ritual de sangre, lágrimas y glorias. La expansión de la Revolución no solamente había cambiado el orden político europeo, sino que se había convertido en un estilo de vida, en una liturgia y en un dogma que se esparcían abierta y clandestinamente por cada rincón de Europa y por cada rincón del espacio atlántico.

En este arduo trabajo de conquistar voluntades para legitimar la causa de la Revolución, para amplificar los mecanismos de adhesión, es donde entra en escena otro artista: Guillaume Guillon-Lethière y el beso de su obra preparatoria: *L'enrôlement des volontaires ou la Patrie en danger*.

1798. Todavía la guerra. La República, además de defender la Revolución, la ha expandido y tiene sus bastiones en Holanda, Bélgica y en las repúblicas italianas. La campaña de Italia había sido solo el inicio de la carrera de un joven general que iba a marcar profundamente la historia de Europa. Entretanto, Gran Bretaña es el principal enemigo de la Francia revolucionaria, y la emblemática victoria de Nelson en Abukir, emprendida el día 14 de termidor del año VI (1 de agosto de 1798), había permitido a la mayor potencia marítima de la época ponerse a la cabeza de un nuevo sistema de alianzas, primero con el Imperio otomano y con la Rusia del zar, a las cuales se sumará Austria. El alba de la segunda coalición.

Para la primavera de 1799, mientras Bonaparte administra su reciente ocupación de Egipto y la comisión científica realiza grandes progresos, los Ejércitos de la República francesa se repliegan ante las fuerzas austro-rusas. Al inicio del verano se teme lo peor. El Segundo Directorio, esta vez bajo el comando de un revolucionario de la primera hora, Emmanuel-Joseph Sieyès, como en su tiempo la Convención, establece nuevas leyes militares para convocar al menos a 200 000 hombres y reforzar los mecanismos de reclutamiento ya establecidos en el 19 de fructidor del año VI (5 de septiembre de 1798). El principio de esta controvertida ley (como todas aquellas que habían previsto el reclutamiento obligatorio en los años anteriores) era categórico: «Todo francés es un soldado y su deber es defender la patria».

Guillon-Lethière asume la tarea de realizar un nuevo símbolo iconográfico capaz de reforzar los ánimos de voluntarios y militares profesionales. Como en el caso de David, su compromiso político no conoce límites. En aquellos años había compuesto algunas alegorías de la República y había arriesgado una *inquieté* por un homenaje que había realizado a Hérault de Séchelles (un miembro de la Convención que murió bajo la guillotina, como Danton, en abril de 1794). Séchelles era para Guillon-Lethière aquello que Marat había sido para David.

El pintor elige un escenario onírico. No existe. Se trata de una ciudad portuaria ficticia que reúne las formas arquitectónicas que el neoclasicismo había elegido para hacer hablar a la piedra y al mármol de la historia que entonces se estaba construyendo. Guillon-Lethière divide el cuadro en dos grandes partes. Bajo la luz de un cielo perfectamente azul, se ilumina la urbe de la civilización que los soldados han de defender. Bajo la sombra de la tormenta que se acerca, se vaticina el destino de aquellos que parten hacia donde soplan los vientos de la guerra.

La verdad del cuadro, en cambio, descansa en otra parte. En el espíritu de los hombres que acudirán al combate, la idealización de los uniformes con los colores de la Armada francesa representa la dignidad que los futuros soldados van a revestir. El tricolor evoca la bandera y la bandera es la patria. Los combatientes de ahora, como aquellos de 1792, deben salvarla de las amenazas de una invasión extranjera contrarrevolucionaria. El voluntarismo es total: las mujeres y los niños llevan las armas para los combatientes; en la parte inferior derecha puede apreciarse a una de las mujeres que conduce a sus propios hijos al llamamiento de la patria. El artista no olvida que fueron las mujeres las primeras en izar las banderas de la Revolución, en empuñar los instrumentos de trabajo como armas y en tejer las escarapelas tricolores. No olvida tampoco que algunas demostraron mucho más voluntarismo que los hombres. Muchas de ellas, como la anónima protagonista de la escena del beso, se visten y se peinan como antiguas heroínas griegas o romanas, como la *Madame Récamier* (óleo sobre tela, 1,74 x 2,44 m, 1800, París, museo del Louvre), que David va a pintar después, a inicios del siglo, proponiendo una nueva moda, adecuada al gusto neoclásico y a la elegancia moral y austera de los valores revolucionarios.

Los barcos están a punto de zarpar. En el centro de la escena un soldado, cual nuevo Héctor, besa su Andrómaca en presencia del hijo y la nodriza. Los valores antiguos se renuevan con nuevas promesas. Ya en 1786 Joseph-Marie Vien, maestro de David, había anticipado el motivo pictórico en *Les adieux d'Hector et d'Andromaque* (óleo sobre tela, 3,2 x 4,2 m, 1784, París, museo del Louvre). En la interpretación de Guillon-Lethière, dos compañeros de armas le indican al héroe la dirección de los afanes de la guerra. Alrededor de ellos, una multitud de soldados levantan de manera unánime los sables a la gloria de la majestuosa estatua, cuerpo material de la patria, que en sus dimensiones monumentales sostiene en la mano izquierda la alegoría de la Libertad y de la Igualdad.

En la escena todo se mueve con la agitación del día de *Le Serment du Jeu de Paume* (proyecto monumental incompleto de David, óleo sobre lienzo, 6 x 10 m, palacio de Versalles). Delante de los compañeros del nuevo Héctor, otro grupo de mujeres alzan a sus hijos, encomendándolos al cielo y a sus padres. Son los mismos hijos que un día combatirán por la nueva Troya. Cada uno de los detalles busca otorgar a la representación una mayor resonancia histórica.

Los magistrados organizan las tropas y registran a los nuevos reclutas. Entre ellos, destaca la presencia de un hombre afro que representa la participación de las excolonias francesas y simboliza la abolición de la esclavitud, que la Convención había decretado el 16 de pluvioso del año II (4 de febrero de 1794). Imagen particularmente significativa, si se considera que Guillon-Lethière nació en la isla Sainte-Anne (Guadalupe), siendo hijo de Marie-Françoise Dupepaye, una mujer liberta, y de Pierre Guillon, procurador de Luis XVI en la isla.

El motivo de este beso político ya estaba en el aire. En 1793 se había realizado una pintura anónima que cuenta la historia de un voluntario a punto de partir, ante los rostros de preocupación de su mujer, su hijo pequeño y todos los parientes que lo rodean (*Le départ du volontaire, vers 1793, circa* 1793-1798, 59 x 73 cm, París, museo Carnavalet). Guillon-Lethière cambia las expresiones de dramatismo por la serenidad de los sentimientos políticos que definen la solemnidad de los personajes neoclásicos. Cuando la misión es alta, tan alta como defender la patria en peligro, la exaltación de los valores patrióticos no deja espacio a titubeos. El beso es apasionado, como aquel que ya pertenecía al arte rococó en *Le premier baiser de l'amour,* de Jean Michel Moreau, quien todavía bajo las premisas de esta forma artística ilustró *Julie ou la nouvelle Héloïse,* de Jean-Jacques Rousseau. Solo que, a diferencia de aquel primero, este beso político que, de nuevo, puede ser el último de los dos que se aman, revela que no hay mayor pasión que la que se deposita en las espadas desenfundadas. Todos están listos para sacrificar su vida, aunque sea necesario, como en el gesto de los Horacios, dar la espalda al dolor de quienes los van a extrañar o, en el más seguro de los casos, a perder de manera definitiva.

El término «revolución», tal como lo conocemos hoy, es más bien reciente. Antes del siglo xvi hacía referencia, en el ámbito astronómico, al movimiento que los cuerpos celestes cumplen de manera circular, fenómeno donde el punto de partida coincide con el punto de regreso. Después pasó a designar un cambio político y, a finales del siglo xviii, un cambio rápido y violento donde se consignan las esperanzas de grandes y decisivas transformaciones. Para 1789 adquiere esa valencia optimista que determina el concepto como un momento necesario del desarrollo de las instituciones políticas y del progreso de la humanidad. Un beso revolucionario es entonces el beso donde se depositan todas las esperanzas de cambio. Guillon-Lethière era bien consciente de ello y por esta razón había imaginado que podía hacer de este beso una obra de enormes dimensiones.

La historia del 18 de brumario, sin embargo, iba a tomarle la delantera. El futuro cónsul tenía otros planes para el pintor y, aunque sus nuevos deberes no eran contrarios a la vocación de su pintura y de su beso, este quedó como una tarea pendiente que otros pintores habrían de ejecutar en el tiempo. En su obra preparatoria, sin embargo, sigue resonando el eco de los deberes nacionales; el primero de todos: donar la vida por la causa y hacer que el fuego que alimenta la llama del amor patrio arda más fuerte que cualquier otra llama de amor.

II
Episodio de la juventud (1859)

EL BESO DE UN PLEBISCITO COTIDIANO

Francesco Hayez, *Il bacio. Episodio della giovinezza. Costumi del secolo* XIV, óleo sobre lienzo, 112 x 88 cm, 1859, Milán, Pinacoteca de Brera.

Francesco Hayez, *Il bacio*, óleo sobre lienzo, 127 x 95 cm, 1861, colección privada.

Francesco Hayez, *Il bacio*, óleo sobre lienzo, 116,8 x 80 cm, 1867, colección privada.

Es la mañana del 11 de marzo de 1882. Ernest Renan, un controvertido personaje de finales del siglo XIX, pronuncia una de sus conferencias más importantes en la universidad de la Sorbona. Lleva por título una pregunta fundamental: «*Qu'est-ce qu'une nation?*». La nación, esa piedra angular del siglo, ¿qué es? La respuesta que da Renan es simple y deja una huella indeleble en todos aquellos que buscarán responder a la misma pregunta.

31

Tras una breve contextualización sobre la situación europea de entonces, Renan llega a afirmar:

> Una nación es, por lo tanto, una gran solidaridad, formada por el sentimiento de los sacrificios que se han hecho y de aquellos que aún están dispuestos a hacerse. Supone un pasado; sin embargo, se resume en el presente por un hecho tangible: el consentimiento, el deseo claramente expresado de continuar la vida en común. La existencia de una nación es (perdóneseme esta metáfora) un plebiscito cotidiano, al igual que la existencia del individuo es una afirmación perpetua de vida.

Una nación es entonces una comunidad de destino que comparte una memoria, un sentido de profunda adhesión, un gran espíritu de sacrificio, y coincide, además, con la afirmación perpetua de la vida. Características que ya estaban en los corazones y en los discursos de los revolucionarios de la Francia de finales del siglo XVIII. Pero esta definición no es científica, sino política. Una profunda creencia, una verdad infundada. La nación es una invención. Renan, para entonces, a lo mejor lo sabe, pero no lo dice. Prefiere mantener la línea de los historiadores de finales del siglo XIX y de principios del XX, que dieron por descontada la cuestión, ya que consideraban la nación como un proceso «natural» y «biológico», y solo en forma derivada, como un elemento ligado a dinámicas histórico-culturales. Será hasta finales del siglo XX, a través de historiadores como Ernest Gellner, Benedict Anderson y Eric J. Hobsbawn (entre los más destacados), cuando la nación se revele más bien como un constructo conceptual, una idea artificial, efecto de una continua creación de símbolos, tradiciones y memorias. Y estas, bajo la apariencia de lo natural y de lo necesario, han permeado más de doscientos años de historia mundial.

Asimismo, la metáfora del plebiscito cotidiano no es tan simple como Renan la hizo pasar. «Plebiscito» es un término usado desde los tiempos de la Roma republicana. Viene de *plebiscitum* ('decisión de la plebe') y había sido retomado durante la Francia revolucionaria para indicar el solemne pronunciamiento del pueblo, único depositario de la soberanía. Paradójicamente, el plebiscito fundacional del mundo contemporáneo fue aquel al cual recurrió Bonaparte para legitimar el golpe de Estado del 18 de brumario. Luego lo usaría para proclamarse primer cónsul y también para hacerse con el título imperial en 1804. No es una casualidad que fuera retomado en los tiempos de Napoleón III para legitimar su propio poder. Sin embargo, la cuestión que nos concierne es que, asimismo, a través del recurso y del ritual plebiscitario la monarquía de Vittorio Emanuele II efectuara el proceso de unificación italiana. Así, rompiendo con la tradición de la monarquía por derecho divino, el nuevo reino de Italia rindió homenaje a la soberanía popular.

Italia, entonces, es un buen ejemplo de una nación hecha, además del momento plebiscitario *(par oui ou par non),* con el martillo, el cincel, la pluma y el pincel de apasionadas ideas políticas. Un beso político será cómplice de tal proceso fundacional. Un beso es uno de los pilares de la invención nacional italiana.

El 23 de abril de 1859 Italia todavía no es Italia. Hace falta la guerra con Austria que comienza al día siguiente con el envío de un ultimátum desde Viena. Ultimátum, entre otras cosas, provocado por los futuros italianos, quienes gracias al ingenio del primer ministro piamontés Camillo Benso, conde de Cavour, y con el apoyo de Napoleón III, quien unos meses antes había declarado: «No somos insensibles al grito de dolor que desde tantas partes de Italia se alza hacia nosotros», habían sabido aprovechar el momento de crisis y de tensión que ya estaba en el aire. Hasta entonces Italia había sido un proyecto que se había venido gestando a lo largo del siglo y del cual formó parte un verdadero ejército de artistas para dar forma a aquel sueño de herencia revolucionaria. El primero de todos fue un artista llamado Francesco Hayez, «el mayor exponente de la pintura histórica que el pensamiento nacional reclamaba en Italia», como lo definió Giuseppe Mazzini en las páginas del *London and Westminster Review* del año 1841. Hayez, que había sido el favorito de Antonio Canova desde inicios del siglo, regresa definitivamente a Milán en 1823 y se convierte en el ídolo de los patriotas de la ciudad lombarda. Algunos años más tarde se define como el más grande pintor de historia de su tiempo. Su mayor logro era haber hecho del matrimonio entre historia y patriotismo un arma para conquistar el ánimo de todos aquellos que se sentían llamados a sumarse a la causa patriótica. No hay que olvidar que el XIX, además de ser el siglo de las naciones y los nacionalismos es el siglo de la historia que se enseña en las universidades y que da origen a los historiadores profesionales. Los pintores más expertos también participan de ello. Hayez interpreta el pasado en favor de las libertades y en contra de cualquier forma de tiranía extranjera. En Hayez, el entusiasmo nacional y la pasión por la historia de lo que ha sido, confluye con la pasión por la historia que será.

La primera escuela de Hayez fue el neoclasicismo, del cual va a abandonar las figuras mitológicas para dedicarse a la representación de lo que él mismo, en clave estética e histórica, va a entender como «verdadero». La representación de las sociedades en cada época y la manifestación de sus emociones políticas forman parte de ese concepto. Todavía faltan algunos años para que llegue el realismo en pintura. Así que este «verdadero» pasa, en cualquier caso, por la idealización de «lo bello», a condición de que los sentimientos se eleven, de que los pensamientos que provengan de cada lienzo sean edificantes, de que puedan hablar al gran público y no solamente a una élite privilegiada. Hayez se erige así en el mayor pintor del romanticismo italiano. Como ya hacían y harán los pintores románticos franceses, los pretextos literarios que usan pasan también por la balanza de la historia, sobre lo que esta nos enseña de los ímpetus y de los sentimientos humanos. Así, Hayez pinta en 1823 *L'ultimo bacio dato a Giulietta da Romeo* (El último beso de Romeo a Julieta, óleo sobre tela, 291 x 201,8 cm, Tremezzina-Como, Villa Carlotta), motivo que volverá a realizar en 1833 (óleo sobre tela, 177 x 115 cm, Venecia, colección privada). En ese entonces no se imagina que ese beso se va a convertir en el laboratorio de uno mucho más importante.

El cuadro de 1823. Despunta el alba. Romeo, inconsciente del futuro inminente, invoca el beso de la amada como uno de una infinita serie de maravillosos recuerdos. Julieta, en cambio, con la sabiduría del pesimismo, revela en la convicción del amado el terrible augurio.

Romeo
Farewell, farewell, one kiss, and I'll descend.
[They kiss and Romeo goes down the rope ladder to the garden]

Juliet
Art thou gone so, love, lord, ay husband, friend?
I must hear from thee every day in the hour,
For in a minute there are many days.
O, by this count I shall be much in years
Ere I again behold my Romeo!

Romeo
Farewell.
I will omit no opportunity
That may convey my greetings, love, to thee.

Juliet
O think'st thou we shall ever meet again?

Romeo

I doubt it not; and all these woes shall serve
For sweet discourses in our time to come.

Juliet

O God, I have an ill-divining soul!

Nosotros imaginamos aquel beso en su movimiento y en su velocidad cuando lo leemos o lo esperamos en la representación teatral. Después se desvanece. Hayez, en su fatalidad, lo hace inmortal e imperecedero. En efecto, en la pintura una parte del cuerpo de Romeo se encuentra en tensión contra la columna que indica la dirección de su partida. La otra parte se aferra a la amada. Un cuerpo que se debate entre irse o quedarse a vivir en ese beso es donde el artista deja la última palabra. *Farewell, farewell.*

Pocos años después Hayez realiza otra de sus obras más importantes en clave patriótica italiana: *La congiura dei Lampugnani (La conjura de los Lampugnani,* óleo sobre tela, 149 x 117 cm, Milán, 1826, Pinacoteca de Brera). En ella representa el momento en el que el 26 de diciembre de 1476 tres jóvenes milaneses, Giovanni Andrea Lampugnani, Girolamo Olgiati y Carlo Visconti, están por desenfundar los puñales contra el duque Galeazzo Maria Sforza, en la basílica de Santo Stefano Maggiore, para poner un punto final a la tiranía. El pasado del valor de los jóvenes milaneses tiene una función histórica bien precisa: amplificar los sentimientos patrióticos de todos aquellos que ven la tela o que escuchan hablar de ella a través de las revistas de literatura y arte de la época. Provocar el odio contra cualquier forma de tiranía e imitar el valor de aquellos jóvenes es la tarea de los patriotas. La elección del motivo medieval no es gratuita. En la Edad Media los historiadores europeos buscan y encuentran la aurora de las naciones. Los italianos, por ejemplo, va a situar en el florecer de la civilización urbana el momento más alto de *risorgimento* (así, Risorgimento, se llama el proceso de construcción nacional italiano), revaluando y reinterpretando, entre otras cosas, el papado como una fortificación más de la dominación extranjera (el enemigo interno).

Sin embargo, esas lecciones de historia y patriotismo todavía deben echar profundas raíces. El proceso de unificación y de formación de un Estado nación italiano se hará esperar. Para los tiempos en los que Hayez había realizado la pintura, dos revoluciones habían fracasado, una en 1799 y la otra en 1820-1821; esta última era aquella que tuvo inicio en Cádiz y dio origen al Trienio Liberal en España. Fueron esos mismos años veinte en los que Hayez realizó un cuadro de gran vocación internacional: *I profughi di Parga* (Los prófugos de Parga, óleo sobre tela, 201 x 220 cm, Brescia, Civici Musei d'Arte e Storia), en el contexto de la guerra de independencia griega, que por entonces se había convertido en la causa común europea. Así también se aprendía la patria: combatiendo, literal y metafóricamente, las guerras de los otros. Mientas que la independencia de Grecia fue un hecho para 1830, para mayor desengaño de Hayez, otras dos revoluciones van también a fracasar: la revolución de

1830-1831 y la denominada Primavera de los pueblos, de 1848-1849, cuya fuerza cambiará las condiciones de base del Congreso de Viena, pero mantendrá la mayoría de estados italianos bajo el dominio de monarcas absolutos, a excepción del monarca constitucional en Piamonte, Carlo Alberto, padre del futuro rey de los italianos, el cual, en cualquier caso, había mostrado poca resolución durante la guerra contra el Imperio austriaco. Es entonces al más reciente fracaso de la revolución italiana que el artista va a dedicar una de sus pinturas más prestigiosas. Una de las joyas del arte romántico y la manifestación de la gran desilusión de aquellos que habían alimentado las esperanzas de un cambio. Se trata de *La Meditazione* (óleo sobre lienzo 92,3 x 71,5 cm, Verona, Galleria d'Arte Moderna Achille Forti). Hayez, para entonces, se acerca a los sesenta años.

El cuadro es el retrato de una alegoría que, como en la famosa pintura de Delacroix, realizada en 1830, lleva uno de los pechos desnudo. El cuadro de historia ha cedido el paso a la metáfora abiertamente política. La mujer está sentada en medio de un escenario austero. En su rostro se ve el peso del llanto y de la rabia por la revolución fracasada. Su mirada es intensa y el gesto, intimidante. La mano derecha sostiene un libro: la *Storia d'Italia,* todavía por escribirse, pero que en el lomo indica, además del título, una fecha: aquella de las *Cinque giornate di Milano* (del 18 al 22 de marzo de 1848). Ambos datos han sido inscritos con rojo escarlata. Si no se puede celebrar el triunfo de la revolución, se puede celebrar la dignidad de la lucha.

La mano izquierda se apoya sobre el libro y sostiene un crucifijo que recuerda una de las razones por las cuales la revolución fracasó. Pio IX, después de haber prometido tropas para la causa revolucionaria y arrepentido por tener que combatir contra una gran potencia católica, retiró el 29 de abril sus ejércitos usando la famosa locución latina *Non debemus, non possumus, non volumus*. En una anónima pero duradera descripción de la pintura, un crítico comenta: *Ella guarda, ella tace, ma guardando e tacendo ella parla* (Ella [la alegoría] mira, ella calla, pero mirando y callando, ella habla).

El sueño italiano debía todavía esperar una década para su realización.

Han pasado treinta y seis años desde la pintura del beso de Romeo y Julieta. Hayez tiene ahora sesenta y ocho años. Después de la guerra de Crimea, Europa ha visto una nueva transformación geopolítica importante. Napoleón III, el gran vencedor de la contienda, ha asegurado su puesto como nuevo árbitro de la política internacional. Gracias al visionario Cavour y a la participación del Ejército en la entonces llamada «guerra de Oriente» (que para turcos y rusos había sido la más reciente de sus guerras santas), el Piamonte se había ganado un lugar en la mesa de los vencedores del Tratado de París de 1856, y tres años más tarde, gracias al pacto secreto de Plombières entre el primer ministro y el emperador francés, en 1859 se inicia el proceso de unificación italiano bajo la égida de la monarquía constitucional de Vittorio

Emanuele II, en detrimento del llamado «invasor» austriaco, al norte, primero, y después, en detrimento de la caduca monarquía borbónica en el reino de las Dos Sicilias, al sur.

Tras las sangrientas batallas de Magenta, de Solferino y de San Martino, con el deseo de las buenas noticias, el pintor en su estudio fragua un beso. Uno de los más importantes de la historia iconográfica de Occidente.

Son dos jóvenes los protagonistas de este beso furtivo y secreto, como el pacto de Plombières. La temporalidad del beso unirá los hilos de la historia. Los hábitos y el contexto pertenecen al pasado medieval, pero el uso cromático evoca la alianza entre los tricolores italiano y francés. La primera interpretación, de inmediato, es una llamada al presente. El cuadro se muestra el 9 de septiembre de 1859, a solo tres meses de la entrada triunfante en Milán del futuro rey de Italia y de su aliado francés. La larga espera ha dado sus frutos. A los ojos del público, que ignora el largo título de esta primera versión *(Il bacio. Episodio della giovinezza. Costumi del secolo XIV)*, es claramente el beso de adiós del conspirador o del voluntario a la amada antes de partir para la guerra. El futuro está por escribirse a través de las bayonetas de todos aquellos que irán a combate. Muchos llamarán en adelante a esa pintura *Il bacio del volontario,* y se repetirá como objeto de culto en numerosos cuadros de costumbres, como *Triste presentimento* (Gerolamo Induno, 1862) y *Una triste novella* (Giuseppe Reina, 1862). En 1890 el escultor Francesco Brazaghi tallará en un monumento en bronce al autor de aquel beso (Milán, Piazetta Brera). Se convertirá en un símbolo. En la versión de 1861 los jóvenes vestirán solo el tricolor italiano y en la versión de 1867, para la Exposición Universal de París, de nuevo emerge la alianza entre franceses e italianos. Entre una versión y otra, el artista cambia algunos elementos, pero la esencia se mantiene intacta.

Para estimular todavía más la construcción de la imagen y la interpretación en clave patriótica está, como en *La patria en peligro,* el anonimato de los dos que se besan y el escenario del beso. Ese anonimato de los protagonistas nos indica que podrían ser cualquier italiano y cualquier italiana. Bajo la mirada del público joven, cuyo deseo patriótico inflama, la conclusión es evidente. El lenguaje corporal del protagonista indica que, como en el caso de Romeo, el momento de la partida ha llegado y ese beso —ese último beso— se da en dirección de una puerta de salida, que no vemos pero que claramente se opone al pasillo del cual emerge una sombra, la de la cómplice, quien nos recuerda que las reglas del amor cortés son válidas solo hasta cuando la patria llama.

La joven está abandonada al beso, prácticamente flota dentro de su vestido de seda azul. Si el destino del joven se demuestra trágico, su tragedia no será la misma de la invención de Shakespeare, sino que una vez más será la de Héctor. Su muerte será inmolación. Política de la piedad. Un plebiscito cotidiano confirmará el sentido de su sacrificio. Habrá muerto por la nación.

III
En la cama (1892)

EL BESO DE LA TRANSGRESIÓN

Henri de Toulouse-Lautrec-Montfa, *En la cama: el beso,* 70 × 54 cm, 1892, colección privada.

París es más París que nunca. En la capital francesa de la Tercera República, la torre Eiffel se ha terminado de construir hace un par de años. El terrible saldo de la guerra franco-prusiana es una cosa del pasado, aunque no lo sea todavía el sentimiento de revancha que arde en el corazón de cada patriota francés, incapaz de olvidar la humillante derrota. Al mismo tiempo que la cuestión obrera bulle por toda la Europa de los grandes imperios y de las difíciles alianzas, la alta burguesía y las clases acomodadas gozan de las ventajas de todo aquello que ofrecía, como la llamarán después de la Gran Guerra, la Belle Époque. Los años que antecedieron a la Primera Guerra Mundial se caracterizaron por ser una fase de profundas contradicciones: años de intenso desarrollo económico y de continuo crecimiento del comercio mundial, de nacionalismos frenéticos y de utopías internacionalistas y revolucionarias, de incesante progreso científico y tecnológico, así como de crítica ético-moral al progresismo positivista. Dentro de los nacionalismos, la idea de la respetabilidad estaba en el corazón del orden establecido.

En el libro *Nationalismus und sexualität. Bürgerliche moral und sexuelle normen* [Sexualidad y nacionalismo. Mentalidad burguesa y respetabilidad], el historiador George L. Mosse establece la relación entre el nacionalismo —la ideología más fuerte de la edad moderna— y la respetabilidad, un término asociado al comportamiento «decente» y «correcto», así como a la actitud hacia la sexualidad y al control de los ideales sobre la virilidad, la feminidad y las reglas sociales que definen a los integrantes de la comunidad nacional. Los ideales vigentes de la masculinidad encontraron con la Revolución francesa y en las revoluciones y los conflictos que la siguieron un modo de expresarse y de consolidarse. Contemporáneamente, a lo largo de todo el siglo XIX, la idea de la respetabilidad tuvo ocasión de definir, dentro de los márgenes de la nación, el comportamiento ideal de los hombres y de las mujeres, para sellar con él la afirmación de la familia nuclear. Los estereotipos de hombre, mujer, familia, normalidad relacional y sexual son estereotipos nacionales. Además, la respetabilidad que había acompañado el triunfo de la burguesía sirvió también para legitimar y distinguir a las clases medias las inferiores y de la aristocracia.

París es la capital del arte. El impresionismo ha abierto de par en par las puertas para el ingreso triunfante de las vanguardias. No hay límites para la creatividad y las escuelas se convierten en una institución contra la cual el «verdadero artista» se rebela. Para entonces no va a ser un descubrimiento saber que el auténtico arte reside en la continua invención del mismo. Solo es artista quien se inventa a sí mismo y es capaz de reinventar el arte.

Son tiempos de paz, sí, pero todavía hay mucho por reivindicar. La cuestión obrera es solo la punta del iceberg. Prácticamente en ninguna de las naciones de las potencias votan las mujeres. El poder se ejercita sobre la base de la explotación colonial. El amor libre es solo para las parejas heterosexuales.

La breve, apasionante y, en gran medida, desafortunada vida del conde Henri de Toulouse-Lautrec-Montfa se desenvuelve, primero, en medio de los lujos de Albi, en la Francia meridional. Después, en medio de los burdeles, los circos, los *café-chantants* y las casas de tolerancia de Montmartre. París también es todo eso. Toulouse-Lautrec tiene buenas razones para ser apasionado, trágico y desventurado: sufre de una terrible enfermedad que le ha impedido un adecuado desarrollo óseo. Por ello, con Van Gogh no comparte solo un espacio de amistad y complicidad en los talleres de Fernand Cormon, sino que ambos sufren el peso de la existencia.

A finales de 1892 instala su estudio en la Rue Tourlaque, que dejará en 1897 y dentro del cual abandonará un grandísimo repertorio de pinturas, afirmando antes de irse: «No tienen ninguna importancia…». Cuando llega a la Rue Tourlaque, le encargan la realización de una serie de pinturas para decorar las paredes del burdel de la Rue d'Amboise. El arte de Lautrec consiste en hacer del placer un trabajo y del trabajo un placer. Además de ese burdel, se movía de la Place Pigalle a la Place Clichy, hasta el último rincón de la Rue Tholozé, de las salas de baile a los cafés-concierto. «Sentado, siempre en el mismo puesto, para tener siempre la misma panorámica, se ha convertido en una figura legendaria», recuerda Maurice Joyant. El Moulin Rouge le inspirará algunas de sus mejores obras. Lautrec bebía y dibujaba durante noches enteras. El trabajo que realizaba bajo las lámparas de gas, entre el bullicio y la algarabía, lo completaba en la calma y la sobriedad de su estudio a la mañana siguiente.

Esta serie de trabajos le permiten concentrar una mirada casi etnográfica sobre un ambiente que conoce perfectamente desde 1884, cuando inicia su relación con Aristide Bruant, el mismo del cabaret Le Mirliton, frecuentado por artistas, escritores y príncipes. El encargo del director del Moulin Rouge en 1891, aquel gran cartel que es reflejo y promesa de las dichas que depara Montmartre, confirma a Lautrec como una celebridad.

Pero más allá de eso, cada uno de sus trabajos demuestra que había establecido relaciones de amistad y de afecto reciproco con las prostitutas, con su forma de vida, con sus sufrimientos, sus pasiones y esperanzas. Tenía una afinidad evidente con todas aquellas que habitaban y trabajaban en la Rue Joubert, en la Rue des Moulins, en la Rue d'Amboise, en parte debida a la condición que el artista compartía con las mujeres de los burdeles: se sentían marginados y a la vez necesarios en las sociedades nacionales burguesas, donde todo lo que no pertenecía al círculo de valores asociados a la «respetabilidad» era marginal y marginado y, aunque su existencia era bien conocida, se hablaba poco de ello. Así, los burdeles y las casas de tolerancia existen y no existen. Lautrec les daría una particular condición de existencia moviéndose delicadamente por los bordes de lo admisible y de lo moralmente legítimo. Por ello, Lautrec, que admiraba profundamente a Goya, en los trazos y en los títulos de las obras hizo trabajos como *Eros melancólico* (1894), ¿Por qué no?... *¡Una vez no quiere decir siempre!* (1893), *Carnaval o fiesta pública* (1896) *Mujer que se peina* (1896).

En el arte muchas veces resulta difícil saber quién fue el primero en una forma artística. El impresionismo es un buen ejemplo. Para Paul Cézanne, el primer impresionista de la historia había sido Delacroix, aunque ya existían aquellas famosas pinceladas de William Turner cargadas con el sentimiento de lo sublime, y también, en los años sesenta, el movimiento de los Macchiaioli en la Italia unificada. Los colores que elige Lautrec son para muchos una anticipación del expresionismo, que pudo haber sugestionado a otros artistas, incluido Egon Schiele.

El beso de Lautrec forma parte de una serie de al menos tres pinturas: *Le lit* (Musée d'Orsay), *Au lit: le baiser* (colección privada) y *Dans le lit: le baiser.* Las tres representan un momento de intimidad y complicidad entre dos prostitutas que, al parecer, son siempre las mismas protagonistas. No sabemos sus nombres. Los dos últimos cuadros representan un beso. Debemos imaginar que las escenas han sido compuestas en momentos de ocio. Se trata de la vida cotidiana de esas dos mujeres.

El trabajo de las dos que se besan consiste en convertir el sexo, los afectos y las pasiones amorosas en mercancía. Muchos clientes pagan por los placeres carnales, otros pagan por ser escuchados y recibir un poco de afecto. Aparte del trabajo es posible que se encuentren, incluso, las más auténticas formas de querer. Pero esto es algo que tienen en común con el resto del mundo. Existen los afortunados que, después de un duro día de trabajo, pueden regresar casa, querer y ser ellos mismos. Otros en cambio no. En los tres cuadros se las ve felices. En el que están casi completamente cubiertas por las sábanas se puede ver un beso de amor.

Los cuerpos semidesnudos no son los de las representaciones mitológicas, ni los de Adán y Eva, ni el de Jesucristo, ni el del sensual san Sebastián. Son los cuerpos jóvenes de dos mujeres que se quieren y se desean. Toulouse-Lautrec nos regala la intimidad que ha compartido con ellas. Pero entonces, ¿por qué este es un beso político?

Aquí, una lección fundamental de la historia de las imágenes: más importante que el contenido de una obra es muchas veces el lugar donde se posiciona, desde donde va a hablar al público, donde va a influir sobre sus pensamientos e ideas. La obra es la misma siempre, pero su mensaje puede cambiar significativamente cuando se cambia su entorno. Los ejemplos son innumerables. La presencia del cuerpo desnudo del *David* de Miguel Ángel en el espacio público de la Florencia del Cinquecento no es la misma que la instalada hoy en la Galería de la Academia; *La mort de Marat,* de Jacques-Louis David, admirado y venerado durante la Primera República, se le devolvió al pintor después de la muerte de Robespierre y por mucho tiempo dejó de ser el mártir de la causa jacobina; las obras de Goya *El 2 de mayo de 1808 en Madrid* o *La lucha con los mamelucos,* y su compañero, *El 3 de mayo en Madrid* o *Los fusilamientos,* no surtirían el mismo efecto en las salas de palacio que en las salas de exposición del museo del Prado.

Le lit, Au lit: le baiser y *Dans le lit: le baiser* son obras políticas porque desde las paredes del burdel hablan a los ojos de cada uno de sus visitantes clandestinos, muchos de los cuales, fuera de la casa de citas, son unos, y dentro, otros. Dentro aceptan el mensaje que desde fuera sería inaceptable. Los artistas y admiradores de Lautrec verán en sus trabajos una revelación. Las obras no tienen que esperar a llegar a las colecciones de los museos para devenir políticas. Lo son desde el momento mismo de su creación y a causa de sus efectos sobre aquel público y aquel museo del amor y del deseo, aparentemente improvisados.

Cuando a sus treinta y siete años, devorado por las debilidades de su cuerpo y por las fuerzas sobrenaturales de su estilo de vida, Lautrec muere el 9 de septiembre de 1901, ignora que aquellos besos se estaban adelantando a un cambio de época que, todavía hoy, sigue en curso.

IV

CASI UN BESO DURANTE LA GUERRA CIVIL ESPAÑOLA (1936)

Robert Capa, *Un milicien républicain fait ses adieux à sa fiancée avant de monter dans le train qui l'emmènera au front*, Barcelona, agosto de 1936.

Robert Capa combatió el fascismo a través de la cámara fotográfica. Fue él mismo quien dijo: «En una guerra hay que detestar o amar a alguien; en todo caso, hay que tomar partido, porque si no, no hay forma de soportar lo que ocurre». Después de la Primera Guerra Mundial, la forma de ver y de vivir la guerra había cambiado. La experiencia de las trincheras, del uso inútil pero mordaz de armas químicas, el mejoramiento técnico de los instrumentos de la violencia y el dramático impacto en la demografía contribuyeron de manera categórica a ese cambio. Y, sin embargo, todavía quedaba espacio para el gesto heroico, para tomar partido, para empuñar el fúsil, para hacer canciones sobre amar y servir a una causa: *Si me quieres escribir, ya sabes mi paradero, [...] en el frente de batalla, primera línea de fuego...* Espacio que solo llenaría una nueva retórica política, que incluía las ideas de nación y nacionalismo, pero que iba más allá de ellas. Tiempos en los que el amor tendría que hacer cuentas con las tiranías del siglo xx.

Después de la caída de la bolsa de valores en noviembre de 1929, todo iba a sacudirse. El régimen del Duce era ya una realidad en Italia y una peligrosa moda que se difundía por Europa. De aquí a poco, el discurso y la retórica nazista penetraron profundamente en una sociedad alemana que todavía no se recuperaba de las consecuencias del *Diktat* tras el Tratado de Versalles. Después del incendio del Reichstag, a ocho años de la primera publicación, prácticamente ignorada, del *Mein Kampf* y después de haber liderado un partido que hasta principios de la década de 1930 era minoritario, un dictador alucinado y luciferino se había hecho con el poder. Sobre la tierra que todavía temblaba por la crisis, en menos de un trienio, sobre la base de la denuncia del Tratado de Versalles, sobre la idea de una nueva y gran Alemania, sobre la plena adopción de medidas discriminatorias antisemitas y sobre la promesa de poner fin a un parlamentarismo corrupto, el proyecto hitleriano se convertía en una realidad indiscutible. Mientras tanto Stalin ya venía haciendo lo propio en los dominios de la URSS.

En el año del crac, una joven judía de origen polaco llamada Gerda Pohorylle migra de su natal Stuttgart a Leipzig. Conoce en los años siguientes a su primer amor, un joven internacionalista de izquierda «apasionado del jazz que baila como un dios [...] y que está locamente enamorado de mí», como le cuenta en una carta a una amiga, en la cual añadía: «Te contaré más si los nazis no me matan antes». Por su parte, en el mismo año de la afirmación del nacismo, un joven húngaro, judío y de izquierda, que había migrado a Alemania en 1931 a causa de su oposición al régimen de su país, debe migrar de nuevo. El joven se llama Endre Ernö Friedmann. En 1933 se va a Francia. Lo mismo hará Gerda. No se conocieron en Alemania, pero lo harán pronto.

Endre trabaja en París como fotógrafo. En un primer encargo le piden que vaya a documentar fotográficamente la vida del lujo y de los juegos de azar de la Riviera (Côte d'Azur). El joven Friedmann —que no sabe todavía que va a tener que cambiar de nombre ni que conocerá a Gerda—lo apostó todo por su reportaje, pero mucho más por gusto propio, y lo perdió todo. «No podía realizar una fotografía del lujo sin antes haberlo experimentado», dijo. Tenía razón. Lo mismo le iba a pasar con la guerra.

De nuevo en París, en 1934 aquel joven e indisciplinado fotógrafo finalmente conoce a Gerda en el café *Le Dòme*. Al este y al sur de los confines franceses, el nazismo y el fascismo, pero también el verano de 1935, el amor verdadero, corto, sí, pero absolutamente auténtico. Después las cosas se complicarán, pero eso poco importa entonces, aquellos jóvenes no lo saben aún y viven uno de los momentos más felices de sus vidas. Unos meses más tarde llega la afortunada invención del personaje: Endre ahora debe interpretar a Robert Capa. Como en el teatro de Calderón de la Barca, existen los elegidos que deben hacer que la máscara devenga persona. Endre Ernö Friedmann será desde ahora y para siempre Robert Capa. A Gerda Pohorylle le gusta la actriz Greta Garbo, y jugando a las palabras, se reinventa también como Gerda Taro.

El verano del 35 pasó y también el otoño y el invierno. Mientras se deshojan los calendarios, llega el fatídico verano de 1936. Una nueva guerra sacude Europa y se presenta ante los ojos de los dos enamorados y del mundo entero como el laboratorio militar que anticipa los horrores de la Segunda Guerra Mundial. Pero esto también se sabrá solo después. Todo se cuenta rápido, pero cada segundo de la guerra es una eternidad, contrario a lo que pasa con el tiempo del amor y del beso de amor, que son puro instante. Una patria de nuevo en peligro. La Segunda República debía resistir, pero sobre todo debía ganar la guerra, y para ello debía conquistar la voluntad de las potencias democráticas. La guerra civil española se iba haciendo cada vez más cruenta. Había llegado la hora de combatir el fascismo con la cámara fotográfica.

Ambos, Taro y Capa, interpretaron su trabajo como una cruzada, como había hecho cada artista español con cada obra dedicada a la Exposición Universal de París de 1937, la misma que mostró por primera vez la pintura más provocadora y política del siglo: *Guernica*. Cada fotografía de Capa y Taro es un llamamiento para unir fuerzas contra el fascismo. La estrategia del cambio de nombre ha dado sus frutos y hacer política a través de la fotografía pasa por realizar la crónica visual de la guerra para revistas como *Regards*, en Francia, *VU, Life* y el *Weekly Illustrated*, en Estados Unidos.

La profesión de ambos fotógrafos echa sus raíces en el conflicto de Crimea de 1853, cuando el mundo escucha por vez primera la expresión *war artist* para definir la profesionalización de los corresponsales de guerra, aunque muchos años antes Goya hubiese hecho sus *Desastres de la guerra*. Después de los días de Crimea, grupos enteros de artistas, escritores y periodistas viajan por todo el mundo para realizar sus reportajes. Con la proximidad del siglo xx, los tonos y las formas de narrar van cambiando, se va haciendo cada vez más importante ver y hacer ver, además de escenas de ruinas y de paisajes desastrados, la cotidianidad y el sufrimiento de los soldados, así como el drama de las víctimas, muchas de las cuales no entienden qué pasa, ni por qué se combate, ni contra quién. Aquellos que, como no saben distinguir entre el bien y el mal, en el fondo están más allá del bien y del mal.

Para los años treinta del siglo XX, tratándose de un conflicto que se vivió tanto desde dentro como fuera de las ciudades, las guerras conocen una nueva y despiadada forma de violencia: los bombardeos aéreos en contra de civiles. El mismo Capa escribe: «Nadie está a salvo en esta guerra [...]. Las mujeres se quedan en casa, pero la muerte, la ingeniosa muerte que viene desde los cielos, las acecha».

Por ello, Capa y Taro acampan y viven con los milicianos republicanos, pero también en medio del drama de aquellos que todo lo pierden y que se preguntan ¿por qué a mí?, ¿por qué hoy?, ¿por qué a lo que más amaba?

Las fotos de Capa y Taro revelan el sentido de estas preguntas, pero esconden las respuestas. Porque nadie las puede dar. Aquello que es común a todas las guerras civiles es el exceso de horror, porque el enemigo puede ser cualquiera. Hacia 1938 Bertolt Brecht escribe un poema sobre ello:

«En tiempos sombríos» («In finsteren zeiten»)

No se dirá: Cuando el nogal se mecía en el viento;

sino: Cuando el Pintor de Brocha Gorda oprimía a los trabajadores.

No se dirá: Cuando el niño hacía saltar el guijarro plano sobre el rápido del río;

sino: Cuando se preparaban las grandes guerras.

No se dirá: Cuando entró la mujer en la habitación;
sino: Cuando las grandes potencias se aliaron contra los traba-
jadores.
Pero no se dirá: Los tiempos eran sombríos;
sino: ¿Por qué callaron sus poetas?

Muchos de los registros fotográficos de los dos artistas-amantes son, por pura coherencia de militancia política y de militancia amorosa, de parejas de combatientes republicanos. Hombres y mujeres, fusil, rifle o revólver en mano. La valentía de la que se había enamorado Hemingway y la esperanza de la victoria final se respiran en cada una de estas fotos. Entonces, de nuevo Homero y el beso que no dice entre Héctor y Andrómaca. De nuevo Héctor y una renovada Andrómaca, que también combate. Para las milicianas, primero la muerte antes que la pasividad de los muros de la vida doméstica. Ahí es donde están los dos combatientes de la fotografía. Ambos armados y enamorados. El título nos dice que es un adiós, sí, pero ambos están listos para morir, como están listos para amar. En la imagen, casi un beso.

Aquel beso por venir no es el de la primera juventud, ni el de un único soldado a punto de partir a un combate del cual no sabe si regresará. Aquí los amantes están unidos en la vida y en la muerte, los rostros son bien visibles, sin ningún tipo de idealización de la belleza, puras son las formas de la verticalidad y la verdad de la expresión apasionada. Un gesto estético que se encuentra como un sello de marca en cada fotografía de Taro y de Capa.

En este caso, el ojo de la cámara fotográfica y el ojo del fotógrafo nos invitan a pensar en un imaginario que se remonta a la invención de Miguel Ángel en la Capilla Sixtina cuando decidió que todo el sentido de su obra iba a reposar en el espacio milimétrico que es, al mismo tiempo, todo un abismo entre el dedo del Creador y de su obra. Mucho después, en plena Revolución francesa, Antonio Canova, antes de convertirse en el maestro del joven Hayez, decidió que todo el sentido de su *Eros y Psique* (Escultura de mármol blanco, 155 x 168 x 101 cm, París, museo del Louvre) iba también a residir en el espacio que separa milimétricamente los labios de los dos protagonistas.

Años más tarde, el fotógrafo Robert Mapplethorpe dirá en una entrevista que una fotografía es la forma más rápida de hacer una escultura. En los tiempos en los que Capa y Taro realizan su trabajo fotográfico, su propósito consistía, además de producir esculturas de manera sistemática, en dejar un potente registro documental sobre la guerra. La vocación de la fotografía reside en la contundencia y en dejar testimonio no tanto de lo acontecido como de que hubo un fotógrafo y una cámara que estuvieron allí donde la guerra también estuvo. Centenares de millones de fotografías se utilizan para referirse a aquello que el tiempo histórico no tiene el derecho de destruir. En la fotografía, casi un beso, pero también casi la muerte. En un escrito de 1935, cuando Capa y Taro estaban simplemente enamorados, él dijo: «Nunca antes había sido tan feliz [...], ahora a Gerda y a mí solo podrían separarnos a tiros».

En la base del conflicto estaban dos formas irreconciliables de hacer política: la democracia y el fascismo, la revolución social y la reacción conservadora. La guerra contribuyó a agravar la complicada situación internacional y a hacer cada vez más honda la contradicción interna española, por la cual, con el triunfo del Frente Popular, una ola de rabia se dirigió contra los grandes propietarios, los notables conservadores y, sobre todo, contra el clero católico, mientras que, a su vez, los grupos de derecha respondieron con la violencia inspirada en el escuadrismo fascista. A los revolucionarios que habían ganado las elecciones solo los sostuvo la URSS, a través de refuerzos militares de la formación de las Brigadas Internacionales. El significado moral iba a ser mayor que el puramente militar, pero eso tampoco era posible advertirlo entre el invierno de 1936 y la primavera de 1937. La fuerza de los republicanos era su convicción y entusiasmo; su debilidad, las divisiones internas y la falta de apoyo por parte de las democracias. La fuerza de la reacción estaba en la formación de un grupo cada vez más compacto, bajo la cabeza de un líder reconocible en el cual coincidían los intereses de las jerarquías eclesiásticas, de la aristocracia terrateniente y buena parte de la burguesía moderada, configurando de esta manera la unidad de todas las formas de derecha, bajo un partido único llamado Falange Española Tradicionalista y de las Juntas de Ofensiva Nacional Sindicalista (FET-JONS). A ello se sumaba el apoyo de la Alemania de Hitler y de la Italia de Mussolini.

Entretanto, la fotografía del adiós del miliciano estaba, para entonces, cargada semánticamente con las esperanzas de la resistencia. Todavía estaban por vivirse casi todos los desastres de la guerra. A Capa, que después del primer año de guerra había creído haberlo visto todo, lo esperaba, como individuo, como hombre y como amante, el peor de todos. Eran los primeros días de julio de 1937 cuando Taro supo de la batalla en Brunete, tomó su cámara fotográfica y fue a realizar su último reportaje. Naturalmente, no sabía que iba a ser el último. En sus fotos casi se pueden escuchar las bombas y los disparos. Al verlas, nos parece que es injusto seguir viviendo. Faltaba poco para el 1 de agosto, el día de su vigésimo sexto cumpleaños. Capa supo de la muerte de Gerda por los diarios. Había bastado un solo tiro para separarlos definitivamente. Quedaban todavía dos largos años de guerra. No volvería a ser el mismo.

V

EN TIMES SQUARE.
DON'T POLITICAL CORRECT (1945)

Alfred Eisenstaedt, *V-J Day in Times Square*, 14 de agosto de 1945, Revista *Life*.

8.15 de la mañana. 6 de agosto de 1945. Todo lo que se decía y cada relato sobre Auschwitz había sido cierto. Pasarían años antes de reconstruir plenamente las memorias y las dimensiones de cada horror: «Si existe Auschwitz, no puede existir Dios», dijo Primo Levi. Mientras tanto, a aquella hora se deslizaba por los cielos de Hiroshima Little Boy. Tres días después cae sobre Nagasaki Fat man. Nombres graciosos para dos armas de destrucción masiva que habrían de cambiar definitivamente nuestra forma de ver el mundo, la guerra, la vida y la muerte. Las mentes más brillantes del Proyecto Manhattan sabían que iba a ser así. Si existía para entonces una especie de divinidad, era la que habría invocado Robert Oppenheimer del *Bhagavad-Gita*. En el hinduismo, cuya concepción del tiempo no es lineal, el gran dios no solo es un creador, sino también un destructor. El dios es tiempo. El verso número treinta y dos fue el que le vino a la mente a Oppenheimer el día del experimento atómico, en Nuevo México, el 16 de julio: «Me he convertido en la muerte, el destructor de mundos». Se trata, en realidad y en su sentido más literal, del tiempo que destruye el mundo. Entonces, en vez de «me he convertido en muerte», la traducción más precisa es: «Me he convertido en el tiempo que destruye el mundo». Dos años más tarde lo expresa en términos de una moral mucho más occidental: «Los físicos han conocido el pecado; y este es un conocimiento que no pueden perder». Para el hinduismo, la muerte es una ilusión, porque no se nace ni se muere, sino que todo forma parte de la gran continuidad. Después de lo acontecido en la primera mitad del siglo, poner la fe en ello habría sido un enorme acto de hipocresía. Algo más imperdonable que la invención aniquiladora de mundos.

14 de agosto. Desde el Despacho Oval de la Casa Blanca, Harry Truman anuncia a su nación la victoria

definitiva sobre Japón. Empieza la gran celebración que se conocería como V-J Day (Victory over Japan Day). El mismo día del lanzamiento de las dos bombas atómicas había pronunciado el célebre discurso que, poniendo entre paréntesis la muerte, celebraba la victoria de la fuerza y del conocimiento: «Hemos gastado más de dos millares de dólares en la más grande apuesta científica de la historia. Y hemos vencido. Pero la más grande maravilla no es la dimensión de la empresa, ni la discreción con la cual fue realizada, ni su costo, sino que las mentes más brillantes de la ciencia hayan conquistado tal objetivo». Una combinación de palabras escalofriante, porque esas palabras se sobreponían a la muerte y a la destrucción. El 2 de septiembre el general Douglas MacArthur y el comandante en jefe del Ejército japonés Yoshijiro Umezu firman el acto oficial de rendición en el Missouri, sobre las aguas de la bahía de Tokio. La última potencia del Eje —la Alemania nazi, la Italia de Mussolini y el Japón del póstumo emperador «divino»— había caído.

Aquel día todo ese ciclo de horrores que se había abierto desde la guerra civil española llegaba —aparentemente— a su fin. Guernica, Brunete, Auschwitz, toda aquella lista innumerable de horrores, habían sido ciertos. Los vivos tenían motivos para festejar en Estados Unidos, mientras la muerte se esparcía bajo la forma de las más variadas enfermedades y mutaciones a lo largo de Hiroshima y Nagasaki. Como Levi, Theodor Adorno también realizará años después una afirmación contundente. Como quien responde a la pregunta que en 1938 se había hecho Brecht («¿Por qué callaron sus poetas?»), dijo: «Escribir poesía después de Auschwitz es un acto de barbarie», solo que, a esas horas en Estados Unidos, todo era alegría. El arma mortal que había sido pensada para usarse en contra del régimen nazi, se había terminado usando contra Japón, como una forma de finalizar rápidamente la guerra, pero sobre todo como una afirmación de poder. La algarabía de la victoria todo lo aplacaba entonces, antes de que llegara la memoria histórica a saldar las cuentas.

Hubo muchos besos y abrazos aquel V-J Day, y muchas fueron las fotografías de Alfred Eisenstaedt y de William C. Shrout que los documentaron para la revista *Life*. Entre las que había realizado Eisenstaedt, uno de esos besos se convertiría en el más icónico. Años después, en el más controvertido.

Aquel beso entre el marinero y la enfermera en Times Square se hizo célebre desde el instante mismo de su primera publicación. La elección de la perspectiva y la afortunada complicidad de aquellos que participan como espectadores o como simples viandantes, en medio de una plaza que se extiende y que después se bifurca en medio de los grandes edificios, contribuirán enormemente a que la imagen se transformara en el gesto de amor con el cual se concluyó el más cruento de todos los conflictos que la humanidad había podido conocer. Un beso cierra con la belleza del gesto amoroso las heridas que había abierto la guerra y la muerte que había causado. A diferencia del gran beso homérico, este no es el de una partida, sino el de un regreso. No presagia una derrota, sino que encomia un triunfo. El triunfo.

Para completar la perfección del imaginario está el anonimato —o al menos el originario— de los dos que se besan, un poco como en los besos de Guillon-Lethière y de Hayez, y la condición social de los protagonistas: un marinero, que encarna a cualquier hombre en uniforme, y una enfermera, que puede ser cualquiera de aquellas heroínas que, desde que Florence Nigthingale inauguró la profesión y desde la creación de la Cruz Roja, se habían convertido en la representación por excelencia de la reconfortante presencia de las mujeres en medio de los dolores de los conflictos. A diferencia de las fotografías de las milicianas y los milicianos durante la guerra civil española, esta imagen tenía un mayor alcance en el imaginario popular, a causa de la división de los roles de género. Todavía la respetabilidad. Al hombre, la guerra; a la mujer, el cuidado de los malheridos. Era cuestión de tiempo —de horas— que aquel beso se transformara en afiches de publicidad, en pequeños y grandes pósteres, en un amuleto en blanco y negro que funciona como el conjuro que separa dos épocas distintas y distinguibles: la época de la guerra y la era de la paz. Ojalá hubiese sido así.

Treinta y cinco años después, en 1980, la foto se publicó de manera apologética en la primera plana de la revista *Life* y, otros treinta años más tarde, en 2010, en la misma plaza, se erigió un colorido monumento realizado por John Seward Johnson II, a partir de la entonces indiscutida imagen de Eisenstaedt. Durante años aquel beso se había celebrado como el triunfo del amor sobre la muerte. Solo que en la poesía de esa interpretación se escondía su propio fracaso. Algunos años antes de morir, una de las protagonistas del beso afirmó que este no fue el fruto del consenso, sino que fue un beso robado. En los tiempos de lo políticamente correcto, del rechazo contra la violencia sobre las mujeres y del sí es sí y no es no, la hermenéutica cambia de pies a cabeza: la pasión del marinero se convierte en un acto de fuerza; el puño cerrado de la enfermera, en una expresión de rechazo. Hay varias versiones de la escultura; entre las más conocidas, una está en Florida y otra en Caen, Normandía, bautizada con un título que también ha despertado grandes polémicas: *Unconditional surrender*. ¿Se refiere a la rendición incondicional de quién? La pregunta resume el debate.

Una de las protagonistas —porque el beso fue reivindicado además por una mujer llamada Edith Shain, Greta Zimmer Friedman, participó incluso en las caravanas festivas junto con uno de los hipotéticos marineros que, de los muchos que dijeron ser ese marinero, se había logrado hacer con la legitimidad del crédito: George Mendonsa. Existe un libro, publicado en 2012, que cuenta la historia de George y de Greta: *The kissing sailor: The mystery behind the photo that ended the World War II,* de Lawrence Verria y George Galdorisi. A los más entusiastas creyentes de aquel beso les gusta pensar que aquella pareja era una auténtica pareja de final feliz. El libro revela que George, miembro de la Marina, entonces recién llegado de las islas Filipinas, aquel día tenía otra cita, con la que sería su futura esposa, y que Greta, en realidad, no era una enfermera, sino la asistente de un consultorio odontológico que acababa de salir de su trabajo a eso de las cinco de la tarde. Lo cierto de Greta es que había nacido y crecido en Austria y que, a causa de la persecución nazi, había migrado a Estados Unidos, como muchos, en 1939. De hecho, aquel 14 de agosto de 1945 Greta no sabía dónde estaban sus padres, si vivían o no. Tampoco sabía que, mientras un perfecto desconocido le arrancaba un beso de los labios, al otro lado del Pacífico, a esa misma hora, millones sufrían un dolor sin precedentes.

«De pronto alguien me agarró por la cintura —recuerda Greta—. Ese hombre era muy fuerte. Yo no lo estaba besando. Él me estaba besando a mí». Estas tres frases, una después de la otra, se convierten en la verdadera revelación, no del pasado, sino de los nuevos valores del presente. Al fotógrafo no le interesaba quiénes eran los dos protagonistas. Eso vendrá después. Fue la fama del beso la que con el tiempo creó nuevas leyendas, reivindicaciones, peticiones de derechos, denuncias, reflexiones. Fue el recuerdo de Greta el que planteó las nuevas preguntas y las nuevas reacciones. De hecho, sobre la pierna de la escultura de Florida alguien realizó un grafiti de protesta con el texto #MeToo. El numeral «#» también es parte de los nuevos valores y de la forma de comunicarlos. Cualquier verdad, aparente o no, supuesta o no, creíble o no, que se cuente sobre la foto esconde más de lo que revela, aunque revele al mismo tiempo la cosa más importante de todas: puede que Adorno tuviera razón, la poesía no puede volver a existir después de Auschwitz ni después de las 8.15 de agosto de 1945, pero nosotros podemos fingir que sí. Todavía.

¿La guerra había concluido con un beso? No. Había concluido con un efecto antes inimaginable: más de sesenta millones de muertos, de los cuales dos tercios fueron civiles, a causa de bombardeos, carestías, deportaciones y masacres. La conciencia colectiva no podía volver a ser la misma, y a ello contribuyó enormemente el doble trauma moral causado por las revelaciones de los crímenes nazis, los del régimen de Stalin y a causa de la invención que no solo tenía una capacidad destructiva nunca antes concebida, sino que era capaz de amenazar la estabilidad de la supervivencia humana, configurando un clima de inseguridad constante: en cualquier momento alguien puede presionar un botón y destruirlo todo.

Por la misma razón, el final de la Segunda Guerra Mundial no iba a ser el final de todas las guerras, sino el principio de una nueva forma de hacer la guerra que se prolongó hasta finales del siglo. Con la guerra concluida, un telón de acero se comenzaba a alzar sobre Europa. Walter Lippmann bautizó con el nombre de Cold War lo que iba a suceder en adelante. En todo caso, como una muestra de las tantas razones que nos sirven para explicar nuestra propia vida, incluyendo la idealización del amor, unos años más tarde la misma revista *Life* le encargó a Robert Doisneau un reportaje dedicado a los besos de amor en las calles de París, del cual uno de los más célebres, *Le baiser de l'hôtel de ville* (*El beso en el Hôtel de Ville*), es una historia contada por dos actores. Así, mientras el beso de Eisenstaedt esconde una quimera, el de Doisneau, una invención. A la vuelta de la esquina estaba por estallar la guerra de las dos Coreas.

VI

EL BESO BOLCHEVIQUE (1990)

Dmitri Vrúbel, mural, 1990. Episodio: Breznev y Honecker en 1979 (treinta aniversario de la República Democrática Alemana).

Una generación entera ha crecido en medio de un mundo dividido por la contienda que separó el mundo entre filocomunistas y filocapitalistas. Las dos Alemanias y el Muro que las separaba en Berlín se habían convertido en el símbolo y en la prueba visible de ello. Fue Erich Honecker en 1961 el responsable de la planificación y la ejecución de aquel muro, cuerpo material del Telón de Acero que se había alzado para dividir dos formas completamente antagónicas de ver el mundo y de estar en él. Levantar el muro había costado, al menos, doscientas vidas, y otras doscientas más de heridos entre quienes intentaron cruzarlo y fracasaron.

Fue a partir de los años setenta del siglo XX que la imagen de la Unión Soviética, y por extensión del sistema comunista como alternativa global al capitalismo, comenzó a sufrir un insoslayable decline. Aun así, pocos imaginaban que ese decline estaba a punto de transformarse en una crisis irreversible. En realidad, todos los síntomas estaban ahí escondidos en medio de la aparente e indestructible estabilidad: en el terreno del desarrollo, del bienestar económico y de la justicia social, la URSS se había convertido en un verdadero fracaso, es decir, había fallado en todo aquello que representaba la justificación para privar políticamente a los ciudadanos de las libertades individuales. Por otra parte, la respuesta ante estos fracasos se revelaba como la manifestación de un renovado imperialismo soviético, a causa de la presencia en África, de los misiles apuntados contra Europa y de la funesta expedición en Afganistán. Esta última se había realizado con el objetivo de imponer un Gobierno fiel a las directivas soviéticas, de modo que a finales de 1979 la URSS envió un gran contingente de tropas que se tuvieron que enfrentar a una fuerte resistencia islámica, favorecida por Irán, Pakistán y por Estados Unidos (quienes estaban, en ese contexto y paradójicamente, armando a sus futuros enemigos). Los diez años de conflicto fueron para la URSS una experiencia amarga porque las repercusiones militares, psicológicas y las pérdidas humanas representaron para el pilar del comunismo lo que en su tiempo supuso la intervención estadounidense en Vietnam. En esta dinámica, el factor decisivo había sido sin lugar a dudas la imposibilidad de mantener en pie un sistema que se había levantado sobre la fuerza de una economía hermética y de un fuerte aparato represivo de carácter militar.

Por aquel entonces el presidente soviético Leónidas Breznev se había hecho famoso por poner en práctica, como símbolo de empatía y fraternidad, el beso soviético con sus camaradas. Todo un ritual. Primero un abrazo, luego el primer beso a la izquierda (obviamente), después a la derecha y finalmente (aunque solo algunas veces) en los labios. Se suele atribuir el origen de este beso al tradicional saludo del Domingo de Pascua, que hoy todavía se usa entre los cristianos ortodoxos, que se dan tres besos en las mejillas. Los bolcheviques decidieron sellarlo de boca en boca. Prueba de ello es cuando en 1937 Stalin besó en la boca a Ivan Spirin, héroe de la expedición al polo norte. Desde entonces, en esa liturgia política quedó consignada la señal de cercanía e igualdad entre camaradas. De hecho, otro de los testimonios fotográficos representativos es el beso de Nikita Jrushchov con el presidente Klim Voroshilov, cuando este último regresaba de una visita a Estados Unidos en 1959.

Dado que Breznev le había cogido gusto a la práctica y había hecho de la excepción una regla, emergió el chiste popular según el cual cuando Breznev besaba a un líder con el que no simpatizaba, le comentaba a su asistente: «Como político es malísimo…, ¡pero qué bien besa!». Más allá de la anécdota, la necesidad de que para sus intereses los líderes que encontrara fueran buenos políticos era más importante que cualquier otra exigencia. Incluida la de besar bien. Desde 1968 había entrado en vigor la Doctrina Breznev, que profesaba el derecho a intervenir en cualquier país de Europa del Este que intentase pasar del comunismo al capitalismo. Aquel gesto agresivo anticipaba la crisis y casi la prefiguraba. Entretanto, Honecker había lanzado una serie de reformas que llevaron a la Alemania del Este al llamado «socialismo de consumo», un auge modesto comparado con el desarrollo de la Alemania Occidental. En medio de este ambiente se celebró en octubre de 1979 el viaje de Breznev a Berlín Oriental para conmemorar los treinta años de la creación de la República Democrática. Fue allí donde tuvo lugar aquel beso y, sobre todo, el registro fotográfico del mismo.

Las características de este apasionado beso político resultan interesantes en sus contradicciones. La primera es que, entre los besos políticos desde finales del siglo XVIII hasta la formación de sistema soviético, a diferencia de aquellos donde primero estaba la relación de afecto y luego las consecuencias políticas del beso, aquí el único afecto que hay es el orden político a defender (la gran patria soviética en peligro). La segunda es que es un beso homosexual, pero no entre homosexuales. Si la homosexualidad había sido admitida en 1922, Stalin nuevamente la condenó después de 1933, y así fue hasta que Boris Yeltsin volvió a admitirla. Esto quiere decir que para 1979 todavía era un delito ser homosexual en la URSS y que los únicos besos admitidos eran los que se daban entre políticos soviéticos. No está de más recordar que luego Putin la prohibió nuevamente. De hecho, si una pareja gay se besa públicamente en Rusia terminará en la cárcel por infringir la ley contra la propaganda homosexual (aprobada en 2013 y cuyo objetivo consiste en castigar severamente las «relaciones sexuales no tradicionales»). La tercera y última contradicción es que, aunque parece un beso de triunfo, está sellando un fracaso que, de ahí a diez años, se va a verificar con la caída del Muro.

Breznev muere en 1892 y en poco tiempo la secretaría del Partido le sería asignada a Mijaíl Gorbachov: un hombre joven y mucho más dinámico que quienes lo habían antecedido, representante de una generación que no había crecido directamente bajo los principios del estalinismo, que se mostró desde el inicio decidido a aplicar una serie de reformas en la política soviética, tanto a nivel interno como internacional.

En política económica su nombre fue directamente asociado a la nueva palabra del orden: *perestroika* ('reforma'), donde se introducían en el sistema socialista principios de la economía de mercado. En términos institucionales promovió una nueva Constitución que, sin abolir el partido único, dejaba un pequeño espacio al pluralismo, así como el inicio de un proceso conducido bajo la *glasnost* ('transparencia', en términos de libre expresión), algo nunca antes imaginado hasta entonces. Reformas que cambiaron la imagen de la URSS, pero que radicalizaron todavía más sus profundas contradicciones. A nivel económico el sistema no se adaptó y la apertura al debate político acentuó las problemáticas ya existentes.

Así, durante el verano de 1989 centenares de ciudadanos de la Alemania Democrática habían abandonado el país para ir a la República Federal a través de Hungría y Austria. Aquella fuga en masa, acompañada de imponentes manifestaciones en las principales ciudades alemanas del Este, puso en crisis al régimen comunista y causó la dimisión de Honecker. Los nuevos dirigentes, con el aval de Gorbachov, iniciaron un proceso de cambios internos que liberalizaron la concesión de visas de salida y de permisos de expatriación. Para el cuadragésimo aniversario de la creación de la RDA, en octubre, ya no eran tiempos de besos entre políticos soviéticos, porque fuera del palacio del gobierno de Berlín habían llegado a congregarse más de diez mil manifestantes. Una vez que se había dado vía libre a las reformas, la caída del Muro era solo cuestión de tiempo.

La noche del 9 de noviembre, después de que un portavoz del Gobierno anunciara la libre circulación entre las dos mitades de Berlín, una manifestación multitudinaria se congregó no solamente para superar los confines, sino para desmantelar el Muro e, incluso, llevarse los pedazos a casa como recuerdo material del fin de una época que buscó afirmar la libertad y que puso sobre la mesa un nuevo proceso de unificación alemán. Aquel día de fiesta hubo también muchos besos políticos, pero en los vestigios del Muro quedaría solo aquel que un año después el artista ruso Dimitri Vrúbel realizó en uno de los bloques de su tramo más largo, la *East Side Gallery*. Vrúbel decidió pintar el beso entre Breznev y Honecker con un rótulo en alemán y ruso: «Dios mío, ayúdame a sobrevivir a este amor mortal» (Mein Gott hilf mir, diese tödliche liebe zu überleben). Cuando el artista manifestó su deseo de realizar la representación, algunos temían que si Gorbachov veía el dibujo podría negarse a permitir la reunificación de Alemania. Sin embargo, contra todo pronóstico, la realización del mural recibió el consentimiento.

Una vez más el viento de cambio funcionó como un acelerador de los tiempos históricos. En marzo de 1900 se celebraron elecciones libres en Alemania del Este, de las cuales salieron derrotados no solo los excomunistas, sino también los socialdemócratas y los demás grupos de izquierda, que manifestaron sus reservas respecto al proceso de unificación, a la participación en la economía de mercado y a la democracia liberal. De modo que la victoria compartida entre los demócratas del Este y de Occidente confirmó la liquidación de la entidad estatal comunista, carente de cualquier tipo de legitimidad y desprovista de cualquier función histórica.

Entretanto, Vrúbel no imaginaba que aquel beso iba a convertirse en un símbolo, cuyo alcance se extiende a la manifestación de la libertad de amor entre parejas del mismo sexo, conectándose de manera imprevista con el beso de Lautrec. Así, su poder político siguió vivo en el tiempo, enriqueciéndose de significados. En 2009 se le solicitó al artista que lo pintara nuevamente, ya que el original había sufrido las consecuencias del deterioro del tiempo. Y así lo hizo.

VII

DER KUSS SOBRE LOS MUROS DE SIRIA (2011)

Tammam Azamm, superposición de *Der Kuss,* de Gustav Klimt, sobre las ruinas de un edificio bombardeado en Siria (2011). Cortesía de Tammam Azamm y la galería Ayyam (2011).

El beso de Klimt *(Der Kuss),* uno de los más definitivos en la historia del arte, sobre uno de los muros de Siria puede llegar a representar a la vez muchas cosas. Por ejemplo, el triunfo del amor por encima de los fracasos continuos de cualquier proyecto político, pero también la siguiente contradicción: el triunfo del amor fracasado. La vieja idea de que la sangre de la ciudad mancha de sangre las manos del ciudadano. Se trata de una pintura que vuelve ya no sobre el lienzo, sino articulada en las ruinas de lo que fueron apartamentos de ciudadanos sirios destruidos por uno de los tantos bombardeos de una larga y dolorosa guerra. Una edificación devastada que refleja toda la situación social contemporánea. La pintura se queda, primero, en esas ruinas, y luego, en la foto que circuló por las redes sociales de todo el mundo. La pintura nos devolvió la más fiera condición: el amor y la guerra juntos. La revelación de Homero. Un breve espacio para lo importante: el amor; y páginas y páginas de decepciones, de muertes, de heridos, de frustraciones.

La historia de *El beso* de Klimt se remonta a los tiempos de la famosa *querelle* de los más importantes artistas austriacos con la comisión artística de la Universidad de Viena —en plena edad de oro del Imperio—, y también a aquellos que afirmaron una renovada forma de pensar el arte, consecuencia de la famosa Wiener Secession y cuya manifestación intelectual reposa en las páginas de la revista *Ver Sacrum*. 1902 sería el año más representativo de dicho momento, porque se celebraría en el palacio de la Secesión la muestra de obras dedicada a rendir homenaje a Beethoven. Klimt eligió la *Novena sinfo-*

nía y decidió realizar un friso. «Que se transforme el *Himno a la alegría* de Beethoven en un cuadro», había dejado dicho Nietzsche. La obra de Klimt se inspira además en Schiller, en la composición política de aquel verano de 1785, cuando dejó consignados los sueños de una sociedad de iguales (años más tarde Orwell nos enseñó el significado de «iguales» en su *Rebelión en la granja*). El tema de Klimt es la alegoría del triunfo del arte sobre la adversidad. Los tres paneles que configuran el friso narran la aventura de un héroe que se identifica con la potencia del espíritu, el cual, superando las fuerzas hostiles representadas por Tifón, conquista la felicidad de la Poesía fundiéndose con ella en un abrazo que se repetirá en su más famoso beso. *Diesen Kuss der ganzen Welt!,* de acuerdo con el verso de Schiller. Mientras que de acuerdo con el catálogo de la exposición: «El arte nos guía al reino de lo Ideal, solamente él nos puede dar a conocer la pura felicidad, el puro amor, la gloria». El beso, que en el ideal de Beethoven también tiene el color político de las revoluciones de los años veinte del siglo XIX, en Klimt se transforma en una carta de invitación a la belleza suprema, al supremo orden, siguiendo así la estética schilleriana. Para Klimt, belleza y orden nacen del caos y, de manera más precisa, de aquel caos que espera solamente el contacto con el amor para desplegarse en un mundo armónico, como en la relación entre la antigua mitología y la poesía.

De las más remotas profundidades del espíritu nace entonces la nueva mitología de Klimt, cuyo sumo sacerdote es el amor, elemento universal que reúne lo que el odio divide. En *Der Kuss* se asiste a la continuidad de los cuerpos que se funden en ese beso. El cuadro representa más que ningún otro la unión de aquellos que se aman, la continuidad perpetua entre esos cuerpos y lo ornamental de la ternura que florece de los mismos, gracias justamente a su intrínseca unión. El beso de Klimt no prevé que uno de los dos se vaya a ir, ni que uno de los dos vaya a morir. Un beso que triunfa entre los besos. No son dos cuerpos en medio de un paisaje, sino dos cuerpos-paisaje. Un todo uno. El descubrimiento de Novalis: «No somos nosotros quienes viajamos por el universo. Nuestro anhelo de viajar por el universo es solo el deseo de salir al encuentro de nuestra propia interioridad».

Heinrich Heine dejó dicho que el mal siempre surge donde el amor ya no es suficiente. Imaginando la escena sin la pintura superpuesta virtualmente —y solo virtualmente—, sería cierto. En el fondo lo es. La causa de aquellas ruinas y de las decisiones de quienes oprimieron el botón son cuestiones que entendemos y a la vez no entendemos. Uno puede explicar los acontecimientos, sí, pero al final el beso que se erige después de un ataque, la historia del beso, la geografía de las ruinas donde se posa el beso, no se puede explicar. Es el exacto contrario de la historia del beso que pintó Klimt. El artista que realizó el fotomontaje se llama Tamman Azzam.

En alguna ocasión G. M. Young defendió la idea de que «el verdadero tema central de la historia no es lo que ocurrió, sino lo que la gente sintió acerca de ello cuando estaba ocurriendo». Lo cierto es que no puede existir una historia capaz de contar los besos que no se dieron los amantes que no se encontraron antes de que estallaran las primeras bombas en Siria. ¿Qué siente la gente al ver las ruinas sin beso? ¿Qué hemos sentido nosotros al ver sobre las ruinas erigirse un beso virtual? Una cosa que es y no es. Por eso es triunfo, como el original de Klimt, pero derrota a la vez, porque da que pensar, pero no está allí para hacer pensar. Porque muestra al artista y esconde la obra. Porque circula y luego se pierde, como nuestra manera de querernos hoy en día. El triunfo existe porque se alza como símbolo de esperanza. La derrota está en su ausencia. Así explicó Azzam su obra:

> Quiero mostrar cómo el mundo entero puede estar interesado en el arte y, al mismo tiempo, doscientas personas son asesinadas cada día en Siria. Goya hizo el trabajo de inmortalizar el asesinato de cientos de españoles inocentes el 3 de mayo de 1808. ¿Cuántos tres de mayo tenemos en Siria ahora?

Lo que en el ámbito anglosajón se conoce como Oriente Próximo va desde la Medialuna Fértil hasta los confines con Afganistán y rincones de Pakistán. Una zona que, como aparentemente todos saben, se ha levantado desde tiempos inmemoriales sobre la sangre de medio mundo, de más de medio Oriente. De su corazón, hace tiempo, entre el calor y la arena donde se refleja de manera implacable la luz del sol, emergió *El canto de los cantos,* o el *Cantar de los Cantares,* un libro que celebra lo que muchos celebrarán después: el arte del amor que redime. No es una casualidad que comience con un beso: «Béseme de besos de su boca; porque buenos (son) tus amores, más que el vino», en la mejor versión de todas, la de Fray Luis de León.

Los amantes del beso de Klimt, tan anónimos como los amantes de Guillon-Lethière y de Hayez y las amantes de Lautrec, nos redimen porque sabemos que no se van a separar. Su beso se nos ofrece como una promesa, no como un acontecimiento, como en el caso del amor mismo y de la libertad. Pero el beso sobre los muros de Siria, a la vez de político y de trágico, es cínico. Se parece al gesto del artista de poner una pintura allí donde no hay pintura. No existe. A la vez nos importa el arte, y a la vez no, sobre todo si nos importan menos las vidas que manchan de sangre las paredes de la pintura que están en el Österreichische Galerie Belvedere y no en el muro carcomido de un edificio sirio.

El problema más radical es que se nos ofrece la esperanza en presente, es decir, como su contrario. Desesperanza. El amor que no alcanza nada. El malestar social del siglo XXI. «La guerra les ocurre a las personas una a una», insistía la periodista Martha Gellhorn, pero nosotros ya no sabemos quién sufre, ni cómo, mientras estamos en casa, seguros de que

las ruinas están en otra parte y que nuestros besos
se parecen al artilugio —de alguna manera siempre
hipócrita— de poner en un beso el amor allí donde
solo hubo tiempo para la guerra.

VIII

Coronavirus (2020)

EL BESO METAFÍSICO

Unify Artist, *Coronavirus,* Londres, 2020. https://barbarapicci.com/2020/06/15/streetart-unify-london/

En la mecánica cuántica existe un famoso experimento que sirve para demostrar el principio de superposición, en el cual dos fenómenos completamente opuestos pueden ocurrir y no ocurrir al mismo tiempo, imitando la doble posibilidad de comportamiento de las partículas subatómicas. Un gato es encerrado en una caja con un dispositivo que, según Schrödinger, tenía una probabilidad del cincuenta por ciento de matarlo y una probabilidad del cincuenta por ciento de dejarlo vivo en una hora. El sentido común sugiere que después de una hora el gato esta vivo o muerto, pero no ambas cosas. La mecánica cuántica, desafiando el sentido común, sugiere que antes de abrir la caja el gato está tanto vivo como muerto, y en el momento en que se abre la caja, el observador puede cambiar de manera decisiva el destino del gato.

La analogía es interesante porque nosotros hemos sido al mismo tiempo el gato y el observador: nuestro hogar fue la caja y nuestros dispositivos virtuales fueron, a través de las redes sociales, el ojo de la cerradura que nos mostraba la vida de otros en sus propias cajas. No es necesario decir que en las redes sociales nuestra mirada condiciona el comportamiento de los demás y viceversa. En ese entonces, que ahora parece un recuerdo lejano, hemos habitado en una realidad casi cuántica que nos ha hecho vivir no tanto de certezas, sino de probabilidades, cuyo alimento fueron las inseguridades y la desinformación. Dos cosas completamente opuestas, al menos en nuestra mente, han coexistido al mismo tiempo: la probabilidad de ser contagiados por el virus fue la misma de no serlo. Tuvimos que comportarnos como si tuviéramos el virus para no contagiar a los demás. En consecuencia, tuvimos y no tuvimos el virus, y hemos habitado en el mundo de las probabilidades: tarde o temprano saldría una vacuna, pero entonces no la teníamos; tarde o temprano tendríamos que volver a encontrarnos, pero fuimos, para los demás, realidades virtuales, meras posibilidades de existencia, almas sin cuerpo.

Dado que todo perteneció al reino de las probabilidades, hubo especuladores que hicieron grandes apuestas con nuestros sentimientos y miedos. Mientras tanto, mientras observábamos y éramos observados, esperamos que en el momento en que se volviesen a abrir las cajas, las manos y los ojos de los diferentes gobiernos a nivel global no nos hicieran saltar por los aires. La idea de la covid-19 que se transforma en una covid 19-84 se realizó muy rápidamente, al mismo paso de la evolución de los mecanismos de control y de nuestro control sobre la vida de los otros.

Otra certeza cuántica es esta: el modelo atómico de Bohr de 1913 nos enseñó que la gramática del verbo «tocar» no es exactamente lo que pensamos. La primera definición de la RAE dice que «tocar» es «ejercitar el sentido del tacto», pero para que ello sea posible y nuestra sensación de que tocamos cosas y personas sea verdadera, se debe verificar el hecho de que, en contra de la naturaleza cuántica de los átomos y en contra de la ley de Coulomb sobre la dinámica de las fuerzas de repulsión, existe una probabilidad, por pequeña que sea, de que los electrones que se desplazan azarosamente alrededor del átomo colapsen en el mismo punto —lo cual matemáticamente puede suceder y se verifica en la naturaleza de los elementos químicos que se juntan (o que se superponen, mejor)—.

Pero lo cierto es que nada toca nada. Los átomos llevan cargas positivas en su núcleo y están rodeados por una nube de electrones con carga negativa que son los responsables de que nunca se toquen los núcleos. Siempre habrá un espacio entre ellos. Dos elementos pueden compartir una misma posición, pero no pueden tocarse. Los átomos de nuestros pies nunca tocan el suelo. Lo que experimentamos al «tocar» son las fuerzas electromagnéticas de los pies influyendo en las cargas eléctricas del suelo. Bajo el mismo principio: nada corta nada. Los filos de las tijeras no «cortan», sino que separan.

Si le preguntamos de nuevo a la RAE qué significa «besar», nos va a decir lo siguiente: «Tocar u oprimir con un movimiento de labios a alguien o algo como expresión de amor, deseo o reverencia, o como saludo». Si tocar es imposible y lo que pasa realmente es que percibimos dos fuerzas que comparten una misma posición, entonces para que exista un auténtico beso se debe esperar a que dos electrones de dos de los átomos de las bocas que se besan colapsen en el mismo punto. Teóricamente improbable.

Tocar es una ilusión. Por lo tanto, todo beso también lo es. La revelación está en las bocas que se juntan con la mascarilla puesta, y cuya práctica fue objeto de numerosas fotografías, grafitis y murales durante los años de la pandemia. El ejemplo de las calles de Londres, de aquel famoso beso de la película *Desayuno con diamantes,* es solo uno entre tantos que tuvieron como protagonistas millones de parejas en el mundo, reales e imaginadas (incluido el beso de Hayez). La elección en este caso no es gratuita. Aquel beso es una gran alegoría de todas las partículas que comparten un espacio sin por ello «tocarse». El beso bajo la lluvia es el gran simulacro de cosas que parece que se tocan: las innumerables gotas de agua cayendo, chocando contra los cuerpos móviles e inmóviles, la ropa que se hace más pesada y que casi se funde con el cuerpo, los amantes que se entrelazan. Aun así, nada toca nada.

Por su parte, el beso con la mascarilla es el gesto de dos que, al rencontrarse después de una larga espera, evocan no solo la imposibilidad cuántica de besarse, sino el más grande imaginario de todos aquellos besos entre dos amantes que no se volverán a encontrar. Quienes salieron a las calles a recrear una de las más famosas pinturas del surrealismo (*Les amants,* de Magritte, óleo sobre tela, 54 x 73 cm, 1928, MoMA) se besaron en nombre de todos aquellos que, antes del virus, se dieron un último beso sin saberlo. Los besos con la mascarilla y sus múltiples representaciones son besos políticos. Aquellos que se besaron con la mascarilla fueron cómplices en quebrantar la ley y al mismo tiempo cómplices en respetarla, violando la distancia establecida, pero manteniendo la mascarilla puesta. Un acto contradictorio, símbolo de desconfianza y de confianza, de apertura pero también de cierre, de valentía y de cobardía al mismo tiempo. Una confesión de los días más tristes de la covid-19: nuestros afectos minados por el miedo.

En aquel entonces el mundo aún no sabía si estaba listo para un regreso a la vida fuera de casa (no estoy convencido de la expresión «normalidad»). A diferencia del beso de Klimt sobre los muros de Siria, se demostró una vez más que las ruinas a lo mejor no estaban fuera, como pusieron en evidencia los numerosos vídeos de las ciudades vacías, despobladas, que en su silencio nos enfrentaron a nuestro vacío más grande: aquel que habita dentro de cada uno.

Por los mismos años de la afirmación de las primeras teorías que dieron forma a la física cuántica, un filósofo austriaco, Ludwig Wittgenstein, explicó de qué manera «los límites de mi lenguaje son los límites de mi mundo». El lenguaje a través del cual comunicamos nuestros pensamientos e ideas no solo condiciona nuestro modo de ser en el mundo, sino que además condiciona nuestro modo de vivir y sentir el mundo. Una vez que hemos aprendido que el verbo «tocar» es un verbo limitado y limitante, la vida no puede volver a ser la misma. Durante los años que vivimos sin certezas cuánticas, los besos eran besos y los abrazos, abrazos, y podíamos tomarnos de la mano. La física cuántica ha cambiado nuestra percepción del verbo «tocar» y, por extensión, del verbo «besar». Solo podemos esperar que un beso sea por fin un colapso de fuerzas que se traspasan y se sobreponen, aunque no se toquen. O asumir, mejor, que besar es en el fondo un acto metafísico.

IX

Una pareja en Irán y la boda de Járkov
(2022)

Fotografía anónima, *El beso de Shiraz,* 17 de noviembre de 2022. Fuente: https://twitter.com/Sima_Sabet/status/1592853319843983360/photo/1.

Sergei Bobok, la boda de Nastya Gracheva e Anton Sokolov, 4 de abril de 2022. Fuente: https://www.vanityfair.it/gallery/gli-sposi-di-kharkiv-amore-fra-le-macerie

Una noche en Irán un joven y una joven se toman de la mano y se besan en medio del tráfico de Shiraz. Ella debería llevar el velo puesto, como dictan las rígidas leyes de la capital, pero no lo lleva. La foto, el gesto y su difusión en redes sociales son una provocación. Si son identificados, ese beso podría ser el último. Principalmente para ella. Ese mismo día una gran cantidad de personas se habían manifestado contra el Gobierno de Teherán. La protesta general era por la conmemoración del aniversario de la muerte de más de 1500 personas durante las manifestaciones de 2019. Aquel Noviembre de Sangre. La protesta de los dos que se besan es por la muerte de Mahsa Amini. Si es difícil creer que una joven sea arrestada por no llevar el velo en «el modo correcto», todavía más resulta creer que haya perecido por lo mismo.

Según las leyes de Teherán, este beso político atenta contra la moral del Gobierno. Según millones de personas que lo vieron a través de Internet, ese beso celebra la libertad y la necesidad de que se garanticen los derechos mínimos a los habitantes, «el derecho a tener derechos». Sobre todo, para las mujeres de la represiva Irán. El beso de la democracia atenta contra el orden establecido en Irán. Era el 16 de septiembre de 2022 cuando Mahsa Amini moría a causa de una hemorragia cerebral, pocos días después de su vigésimo tercer cumpleaños. Aquello generó manifestaciones en todo el mundo y, al mismo tiempo, el símbolo-Mahsa desencadenó un mayor control y un inclemente autoritarismo por parte de los ayatolás.

Unos meses antes, en Ucrania se había desatado una nueva guerra a causa de la invasión rusa de febrero. Tal gesto de agresión, además del conflicto, generó un creciente espíritu patriótico y nacionalista de resistencia en las mujeres y hombres ucranianos que decidieron luchar por su autonomía y por cada parte de lo que consideran su territorio. Siempre la patria en peligro.

Como muchos de estos jóvenes no saben si van a sobrevivir, en el mes de abril se celebraron numerosos matrimonios, como el de Nastya Gracheva y Anton Sokolov en Járkov, una de las ciudades que más han sufrido los desastres de la guerra y que, en consecuencia, más ha resistido. Una mezcla del cuadro de Guillon-Lethière y de la foto de Capa. Se trata también de una ciudad joven ya que es sede universitaria. Las diferentes fotografías del matrimonio y del beso político han sido realizadas en medio de los escombros. Él es un médico y ella una enfermera, ahora son un médico-soldado y una combatiente-enfermera. La llegada de la guerra no cambió los planes del matrimonio, pero sí puso en el centro de la atención pública las imágenes de aquel amor, que en cualquier momento puede ser aniquilado por la guerra. Todo sea por la nación, esa autoconsciencia identitaria y ese imperativo categórico que todavía hoy legitima tomar las armas.

«La situación es difícil, estamos a punto de combatir por nuestra tierra. Tal vez podemos morir y queríamos solamente estar juntos, como antes de que iniciara todo esto», declaró otra pareja que por ese mismo tiempo también celebró sus nupcias. Una de aquellas mujeres que, por el contrario, como en el cuadro de Hayez resiste en espera del marido, dejó dicho también: «No somos militares, pero no somos tampoco civiles. A cada minuto, mi marido puede morir y es por ello que hay que continuar plantando cara a la guerra».

En medio de escombros, los dos que se besan evocan aquel «Amor constante más allá de la muerte», de Quevedo. Las nuevas armas de destrucción masiva, en efecto, pueden hacerlos polvo, pero para aquellos que se aman serán siempre válidos los versos en donde «serán ceniza, mas tendrá sentido; polvo serán, mas polvo enamorado».

Un beso político aspira a celebrar las manifestaciones de amor más allá de cualquier fundamentalismo. El otro aspira a celebrar la vida después de la guerra. Ambos son a la vez presente y a la vez historia. Ambos son el beso de Héctor y Andrómaca. Por ellos es que una vez más podemos decir: Τὴν Ἑλλάδα ὁ Ὅμηρος πεπαίδευκεν ('Homero educó a Grecia'), siguiendo a Platón en *La República*. Al final, todo beso político lo es además porque, como en este caso, propone preguntas políticas ineludibles, como aquellas sobre la naturaleza del amor, de la libertad y de la felicidad.

EPÍLOGO

He comenzado con la gran narración de Homero, termino con una breve historia. Un día cualquiera de abril un hombre abrió una puerta y encontró a una mujer. Se enamoraron. Entre las características que formaban parte de los misterios y de los prodigios de ella estaba la capacidad de hacer preguntas difíciles y de dejar sembrada entre sus interlocutores la semilla de la duda constante. Poco antes de que la saludara con un beso —que no sabía que iba a ser el último— ella le dijo: «Si pudieras elegir entre la libertad o la felicidad, ¿qué elegirías?». Tuvo que pasar un buen tiempo para que él pudiera hallar la respuesta. Después de haberla encontrado, salió a buscarla asegurándose de no dejar nada al acaso.

París, octubre de 2023

Bibliografía

Adorno, T., *Metafisica,* Turín, Einaudi, 2006.

Anderson, B., *Comunidades imaginadas. Reflexiones sobre el origen y la difusión del nacionalismo,* Ciudad de México, Fondo de Cultura Económica, 1993.

Arisi rota, A., *Profughi,* Bolonia, il Mulino. 2023.

Aristóteles, *Poética,* Madrid, Gredos. 2020.

Aróstegui, J. y François Godicheau, *Guerra civil, mito y memoria,* Madrid, Marcel Pons. 2006.

Banti, A. M., *La nazione del Risorgimento: parentela, santità e onore alle origini dell'Italia unita,* Turín, Einaudi, 2006.

Banti, A. M., *L'età contemporanea. Dalle rivoluzioni settecentesche all'imperialismo,* Bari, Laterza, 2009.

Banti, A. M., *Sublime madre nostra: la nazione italiana dal Risorgimento al fascismo,* Roma-Bari, Laterza, 2010.

Bertoluci, A., *La consolazione della pittura, scritti sull'arte,* Turín, Aragno, 2011.

Bertaud, J. P., «Introduction. La patrie en danger», en Jean-Paul Bertaud (dr.), *Valmy. La démocratie en armes,* París, Gallimard, «Folio Histoire», 2013, pp. 9-14.

Bhabha, H. (ed.), *Nation and narration,* Londres, Routledge, 1994.

Bordieu, P., *L'amour de l'art, les musées d'art europées et leur public,* París, Minuit, 1961.

BRUNETEAU, B., A. FLORES y M. FLORES, *Il secolo dei genocidi,* Bolonia, il Mulino, 2005.

BRYSON, N., M. HOLLY y K. MOXEY, *Visual culture. Images and interpretation,* Hanóver-Londres, Wesleyan University Press, 1994.

BURKE, P., *Testimoni oculari-Il significato storico delle immagini,* Roma, Carocci, 2002.

CANAL, J. y E. CALLEJA (eds.), *Guerras civiles, una clave para entender la Europa de los siglos XIX y XX,* Madrid, Casa de Velázquez, 2012.

CALVOCORESSI, P., y G. WINT, *Storia della seconda guerra mondiale,* Milán, Rizzoli, 1980.

COLLETI, L., *Il tramonto dell'ideologia,* Roma-Bari, Laterza, 1986.

DIDI-HUBERMAN, G., *Cuando las imágenes toman posición, El ojo de la historia,* Madrid, Antonio Machado, 2008.

DÉODAT-KESSEDJIAN, M. F., *El silencio en el teatro de Calderón de la Barca,* Madrid, Vervuet, 1999.

DOMINGUEZ, J., C. FERNÁNDEZ, D. TOBÓN y C. VANEGAS, *El arte y la fragilidad de la memoria,* Medellín, Universidad de Antioquía, 2014.

ECO, U., *Historia de la belleza,* Madrid, Marcial Pons, 2004.

ECO, U., *Historia de la fealdad,* Madrid, Marcial Pons, 2007.

EVANS, J. y S. HALL, *Visual culture. The reader,* Londres, Sage, 1999.

FIGES, O., *Crimea: l'ultima crociata,* Turín, Einaudi, 2015.

FREEDBERG, D., *Art in history, History in art,* California, Lois Nesbitt, 1995.

GRAZIOSI, A., *L'Urss dal trionfo al degrado: storia dell'Unione Sovietica, 1945-1991,* Bolonia, il Mulino, 2008.

GRAZIOSI, A., *L'Ucraina e Putin: tra storia e ideologia,* Roma-Bari, Laterza, 2022.

GRAZIOSI, A., *Occidenti e modernità: vedere un mondo nuovo,* Bolonia, il Mulino, 2023.

GINZBURG, C., *Mitos, emblemas, indicios, morfología de la historia,* Turín, Gedisa, 1986.

GELLHORN, M., *I volti della guerra: cinquant'anni al fronte,* Milán, Il Saggiatore, 2009.

GEERTZ, C., *La interpretación de las culturas,* Barcelona, Gedisa, 1988.

GODICHEAU, F., *Les mots de la guerre d'Espagne,* Toulouse, Presses Universitaries du Miral, 2003.

GOULEMENT, J. M., *La règne de l'histoire. Discours historiques et révolutions, XVII-XVIII siècle,* París, Albin Michel, 1986.

GUARINO, G., *Il conflitto in Siria tra guerra, rivoluzione e terrorismo: alla ricerca di una logica,* Nápoles, Editoriale Scientifica, 2017.

GUIDONI, M., V. MAINOLDI y C. STRITOF, *Robert Doisneau,* Milán, Silvana, 2018.

GRUZINSKI, S., *La guerra de las imágenes. De Cristobal Colón a Blade Runner (1492-2019),* Ciudad de México, Fondo de Cultura Económica, 1995.

HASKELL, F., *Le immagini della storia, l'arte e l'interpretazione del passato,* Turín, Einaudi, 1997.

HEGEL, F., *La fenomenología del Espíritu,* Ciudad de México, Fondo de Cultura Económica, 1966.

HEMINGWAY, E., *Por quién doblan las campanas,* Barcelona, DeBolsillo, 2004.

HOBSBAWN, E., *National and nationalism since 1780, programme, myth, reality,* Cambridge, University Press, 1992.

HOBSBAWM, E., *La invención de la tradición,* Barcelona, Crítica, 2002.

HOBSBAWN, E., *Historia del siglo XX,* Bogotá, Planeta, 2014.

HÖLDERLIN, F., *Hiperión o el eremita en Grecia,* Madrid, Gredos, 1992.

HOMERO, *Ilíada,* Madrid, Gredos, 1990.

JULIEN, E., *Tolouse-Lautrec: manifesti,* Milán, Mondadori, 1965.

KOHN, H., *Historia del nacionalismo,* Ciudad de México, Fondo de Cultura Económica, 1949.

KOSELLECK, R., *Futuro passato. Per una semantica dei tempi storici,* Génova, Marietti, 1986.

KROMM, J. y S. BENFORADO, *A history of visual culture. Western civilization from the 18th to the 21st century,* Oxford-Nueva York, Berg, 2010.

LEBRUN, B., M. LEFEBVRE y B. MATUSSIERE, *Robert Capa: trace di una leggenda,* Roma, Contrasto, 2012.

101

LEÓN, FRAY LUIS DE, *Cantar de los Cantares,* San Lorenzo de El Escorial, Real Monasterio de El Escorial, 1992.

MATHIEZ, A., *Les origines des cultes révolutionnaires (1789-1792),* París, Bellasi, 1904.

MAZZOCA, F., *David e Caravaggio: la crudeltà della natura, il profumo dell'ideale,* Milán, Skira, 2020.

MAZZOCA, F., *Francesco Hayez,* Milán, Silvana, 2015.

MIRZOEFF, N., *An Introduction to Visual Culture,* Nueva York, Routedge, 2007.

MITCHELL, W., *What do pictures want? The lives and loves of images,* Chicago, The University of Chicago Press, 2005.

MOSSE, G., *La nazionalizzazione delle masse: simbolismo político e movimenti di massa in Germania, 1815-1933,* Bolonia, il Mulino, 1975.

MOSSE, G., *Sessualità e nazionalismo, mentalità borghese e rispettabilità,* Bari, Laterza, 1984.

NIETZSCHE, F., *El nacimiento de la tragedia,* Madrid, Alianza, 2002.

NEGRI, R., *Tolouse-Lautrec,* Milán, Fabri, 1964.

NOVALIS, *Escritos escogidos,* Madrid, Visor de Poesía, 2014.

OLLINGER-ZINQUE, G. y F. LEEN, *Magritte,* Milán, Rizzoli, 1998.

ORTEGA Y GASSET, J. y R. ROSSI TESTA, *Goya,* Milán, Abscondita, 2007.

ORWELL, G., *Rebelión en la granja,* Madrid, De Bolsillo, 2013.

ORWELL, G., *1984,* Madrid, De Bolsillo, 2012.

PINOTI, A. y A. SOMAINI, *Teorie dell'immagine, il dibattito contemporaneo,* Milán, Raffaello Cortina, 2009.

PLATÓN, *La República,* Madrid, Gredos, 2003.

PRESTON, P., *La guerra civil española,* Barcelona, DeBolsillo, 2017.

QUEVEDO, FRANCISCO DE, *Obra poética,* Madrid, Castalia, 1969-1971.

RANZATO, G., *L'eclisi della democrazia,* Turín, Bollati, 2012.

RENAN, E., *¿Qué es una nación?,* Madrid, Sequitur, 2009.

RODOTÀ, S., *Il diritto di avere diritti,* Bari-Roma, Laterza, 2013.

ROVELLI, C., *La realtà non è come ci appare: la struttura elementare delle cose,* Milán, Cortina, 2014.

ROVELLI, C., *L'ordine del tempo,* Milán, Adelphi, 2017.

ROVELLI, C., *Sette brevi lezioni di fisica,* Milán, Adelphi, 2014.

SALINAS, P., *Seguro azar,* Madrid, Revista de Occidente, 1929.

SHAKESPEARE, W., *Romeo and Juliet*, Jill L. Levenson (ed.), Oxford, Oxford University Press, 2000.

SCHLEGEL, F., «Discurso sobre la mitología», en Diego Sánchez Meca (ed.), *Poesía y filosofía*, Madrid, Alianza Universidad, 1994.

SCHWARTZ, V. y J. PRZBLYSKI, *The nineteenth-century visual culture reader*, Nueva York, Routledge, 2004.

SLUGA, H., *Wittgenstein*, Turín, Einaudi, 2012.

SMITH, A. D., *La nazione, storia di un'idea*, Catanzaro, Rubbettino, 2007.

SNYDER, T., *Bloodlands: Europe between Hitler and Stalin*, Nueva York, Basic Books, 2010.

SUTHERLAND, D. M. G., *Rivoluzione e controrivoluzione. La Francia dal 1789 al 1815*, Bolonia, il Mulino, 2000.

TAINE, H., *Les origines de la France contemporaine*, París, Hachette, 1881.

VATTIMO, G., E. LO SARDO y R. SALIZZONI, *Dopo il museo*, Turín, Trauben, 2006.

VERRIA, L., *The kissing sailor: The mystery behind the photo that ended the World War II*, Annapolis, Naval Institute Press, 2012.

VIOLA, P., *Il trono vuoto. La transizione della sovranità nella Rivoluzione francese*, Turín, Einaudi, 1989.

WEIDINGER, A., *Klimt: nel segno di Hoffman e della Secessione*, Milán, 24 Ore Cultura, 2012.

WÖLFFLIM, H., *Conceptos fundamentales en la historia del arte*, Madrid, Espasa, 1924.

ZUFFI, S., *Klimt e la secessione viennese*, Milán, 24 Ore Cultura, 2014.

La primera edición de este libro se terminó
de imprimir en Madrid
en el mes de marzo de 2024